Michael Rutz (Hg.)

Zeitenwende!

Michael Rutz (Hg.)

Zeitenwende!

Impulse für eine starke Zukunft

FREIBURG · BASEL · WIEN

© Verlag Herder GmbH, Freiburg im Breisgau 2024
Alle Rechte vorbehalten
www.herder.de

Umschlaggestaltung: Verlag Herder
Umschlagmotiv: © Cagkan Sayin / shutterstock
Satz: Daniel Förster, Belgern
Herstellung: GGP Media GmbH, Pößneck
Printed in Germany

ISBN Print: 978-3-451-03554-8
ISBN E-Book (EPUB): 978-3-451-83661-9
ISBN E-Book (PDF): 978-3-451-83662-6

Inhalt

Michael Rutz
Zeitenwenden als Chance 7

Claudia Weber
Zeitenwende? Zeitenwende! 15

Peter M. Huber
Nach 75 Jahren Grundgesetz – Demokratie in Gefahr?
Wofür wir Deutschland brauchen 23

Aleida Assmann
Brauchen wir einem neuen Gesellschaftsvertrag?
Von Menschenrechten und Menschenpflichten 47

Joe Chialo
Zeitenwende – wie damit umgehen?
Für eine demokratische Grundsanierung 67

Gabriel Felbermayr
Eine neue Vision für Europa 85

Frank Böttcher
Zeitenwende, Klimawende
Was kommt auf uns zu? 109

Die Autoren 135

Michael Rutz

Zeitenwenden als Chance

»Zeitenwende« – so lautet der Titel dieses Buches. Der Begriff hat Konjunktur, seit ihn Bundeskanzler Olaf Scholz mit jener Bundestagsrede prominent gemacht hat, die er am Tage nach dem Überfall Russlands auf die Ukraine im Februar 2022 hielt: »Der 24. Februar markiert eine Zeitenwende in der Geschichte unseres Kontinents«, sagte Scholz damals, »und das bedeutet: Die Welt danach ist nicht mehr dieselbe wie die Welt davor.«

Scholz markierte mit diesen Worten, was eine Zeitenwende im Unterschied zu den vielen Zäsuren des Lebens definiert. Die Welt hat nicht nur einen vielleicht vorübergehenden Schock erlebt, sie ist tatsächlich eine andere geworden: Auf völkerrechtliche Verträge mit Russland ist kein Verlass mehr, die Souveränität von Staaten wird für Moskau wieder zur bloßen Verfügungsmasse, Menschenleben sind für die Protagonisten russischer Großmachtpolitik bedeutungslos geworden. Er hat uns deutlich gemacht, dass die »Wende« nach 1989 eben nicht das Ende der europäischen Feindschaften war. Vielmehr war der Verlust des sowjetischen Imperiums mit inneren Gärungen in Russland verbunden, die wir nicht wahrnehmen wollten und die sich nun in einer neuen, restaurativen Aggressionslust russischer Machthaber äußert, deren Landhunger mit der Ukraine nicht enden wird.[1] Auch hat der Überfall auf die Ukraine die westlichen Staaten (und vor allem Deutschland) daran erinnert, dass es im Gegensatz zu allen Hoffnungen nach 1989 doch noch darauf ankommt, verteidigungsfähig zu sein und ihre abgemagerten Verteidigungskräfte wieder aufzupäppeln. Er hat die westliche Verteidigungsgemeinschaft massiv gestärkt und erweitert.

Das alles ist mehr als eine einfache Erfahrungszäsur. »Zäsuren strukturieren unser Leben, aber Zeitenwenden stellen es in Frage«, beschrieb das der Historiker Martin Sabrow,[2] und oft genug erkennen wir sie im Moment ihres Geschehens nicht, vielmehr ergeben sich »Deutungszäsuren ... aus der retrospektiven Festlegung von Zeitgrenzen durch die Nachlebenden«.[3] Für den Ukrainekrieg wird man das sagen können – die Umbrüche, die wir im westlichen Denken, in der politischen Aktion, in der Neuformierung der Geopolitik erleben, sind nicht reversibel. Die Welt ist im Begriff, sich psychisch und machtpolitisch neu zu ordnen.

Das alles ist keine einzigartige Erfahrung. Die Geschichte – gerade die des 20. Jahrhunderts – kennt Beispiele, in denen Großmachtpolitik leichthändig über Staatsgrenzen disponierte und dies als Friedenssicherung ausgab. Die Historikerin *Claudia Weber*, deren Aufsatz mit in dieses Buch aufgenommen wurde, illustriert das, indem sie die europäische Geschichte der letzten 200 Jahre vor dem Hintergrund des Ukrainekrieges Revue passieren lässt. Und sie bilanziert die letzten 35 Jahre: »Mit dem Ende des Kalten Krieges war die Hoffnung verknüpft, dass der ›lange Frieden‹ global in eine Zeit der demokratischen und marktwirtschaftlichen Prosperität führen würde. Momentan wird diese Hoffnung als sogenannte Friedensdividende bezeichnet, die in der Gegenwart aufgebraucht scheint.«

Zeitenwende für den Nahen Osten

Diese Zeilen schreibe ich am 7. Oktober 2024, ein Jahr nach dem Überfall der Hamas auf Israel, bei dem diese Terrororganisation 1139 Menschen ermordete – darunter feiernde Zivilisten – und mehr als 200 entführte. Der Krieg, den Israel seither an allen Fronten führt, um sich und sein Existenzrecht zu verteidigen, hat dramatische Folgen für die politische Ordnung der Region, für die Chancen auf ein friedliches Zusammenleben dort, für das Potenzial an Hass und Feindschaft. Auch das: keine Zäsur, sondern eine Zeitenwende, nach der die Welt (nicht nur) dort nicht mehr so sein wird wie zuvor. Dieses Massaker der Hamas und auch die Zerstörungen in Gaza und im Libanon durch die militärischen Operationen Israels gegen die Hamas und die Hisbollah werden nicht vergessen werden.

Der erst vor wenigen Jahren mit den Abraham Accords[4] angestoßene Prozess einer Aussöhnung in der Region zwischen Israel und arabischen Nachbarstaaten hat sein abruptes einstweiliges Ende gefunden, weil es die beiden Terrororganisationen, die sowohl Palästina als auch den Libanon unterwandert haben, nicht zulassen wollten, dass ein dauerhafter Friede ihre Machtbasis zerstört und gar noch so etwas wie eine gefestigte Demokratie aufkommt.

Weltweit zeigt sich nun ganz offen ein oft gewaltbereiter Antisemitismus, häufig als Kritik an Israel verbrämt, der das Leben für Juden wieder gefährlich macht, der ihre Synagogen und damit ihr religiöses Leben bedroht und der auch an Schulen und Hochschulen wieder reüssiert. Antisemitische Straftaten nehmen sprunghaft zu. Es ist vor dem Hintergrund der deutschen Geschichte von besonderer Schwere, dass sich all das auch auf deutschen Straßen abspielt. Die Spaltungsversuche haben auch hierzulande Konjunktur, linker und rechter Antisemitismus vereinen sich zu einer politischen Melange, die durchaus Wirkungsmacht erzielt.

Es ist kein Trost, dass ein beachtlicher Teil der antisemitischen Umtriebe von Menschen befeuert wird, die arabischen Migrationshintergrund haben und die ihren ewigen Hass auf Israel mit im Gepäck hatten. Sie leben nun in Deutschland, und daran wird sich nichts ändern. Auch das: nicht nur eine Zäsur, sondern eine Zeitenwende. Überhaupt hatte die Migrationswelle, die die damalige Bundeskanzlerin Angela Merkel 2015 ins Land ließ, Folgen, die man damals nicht absehen konnte oder in Kauf nahm. Nicht nur versiegte der Strom von Migranten auch nach 2015 nicht und hält bis heute an. Vielmehr veränderte sich auch die Rezeption dieser Zuwanderungsbewegung in der Bevölkerung – von einer Willkommens- zu einer Ablehnungskultur, deren politische Folgen in den Wahlergebnissen der Wahlen des Jahres 2024 zu besichtigen sind.

Das Grundgesetz – ein Juwel

Politiker, die damit zu tun haben, sind um ihren Auftrag nicht zu beneiden. *Joe Chialo* ist in Berlin Senator für Kultur und gesellschaftlichen Zusammenhalt, ein Titel, der die Schwierigkeit der Aufgabe bereits beschreibt. Wer in einer Zeit wachsender gesellschaftlicher Risse Zusammenhalt herstellen will, der braucht klare Vorstellungen von dem, was eine Gesellschaft zusammenhält. Und es braucht Optimismus, dass man das auch schaffen kann, dass bei den Menschen eines Landes (und gerade denen in Berlin) Einsicht und der Wille zu Freiheit, Menschenwürde und Demokratie Gegnerschaft und feindliche Emotionen überlagern. Das bedarf großer Überzeugungskraft und eines klaren Kompasses, den Chialo nicht nur aus seinem Glauben, sondern vor allem auch aus dem für uns alle grundlegenden Grundgesetz unseres Landes zieht und den er in diesem Buch beschreibt. Denn es ist offenkundig, dass die Millionen Migranten, die nun in Deutschland leben, unsere

Gesellschaft verändern, nicht nur im Straßenbild. Es ist schwieriger geworden, gemeinsame Prinzipien des Zusammenlebens in einer freiheitlichen, gleichberechtigten und demokratischen Gesellschaft zu vermitteln. Die Lehrer unserer Schulen wissen davon ein Lied zu singen und unsere Sicherheitskräfte auch.

Notwendig wäre ein neuer Gesellschaftsvertrag, an den sich alle binden ließen. *Aleida Assmann*, die kluge Anthropologin, mahnt immer wieder – und auch in diesem Buch –, dass man Menschenrechte nicht in Anspruch nehmen kann, ohne sich seiner Menschenpflichten bewusst zu sein. Wenn Aleida Assmann auf das Grundgesetz verweist, so deshalb, weil sie es für ein »Wunder der Kontinuität und Stetigkeit [hält] nach all den schnellen und dramatischen politischen Wechseln, die Deutschland in der ersten Hälfte des 20. Jahrhunderts in seiner Staatsform erlebt hat«.

Das Grundgesetz war also so etwas wie ein ganz neuer Gesellschaftsvertrag, der trotz aller vorausgegangenen Geschichte möglich wurde, eine »Neugründung der Bundesrepublik 1949 als eine kollektive Konversion«. Assmann zitiert den ehemaligen FDP-Politiker Gerhart Rudolf Baum, der schrieb, damals »saß nicht die Jugend, die ein neues Leben beginnen konnte, im Plenarsaal, sondern lauter gestandene Männer. Und sie haben sich gelöst von einer Entwicklung, die ihre ganze Geschichte bestimmt hat, nämlich eine völkische Gesinnung, eine auf Rasse und Volk und Volkstum und Volksgemeinschaft und Nationalismus gegründete Gesellschaft. Die ist abgelöst worden durch das Grundgesetz. Aus Untertanen sind Staatsbürger geworden.«

Dass dieses Grundgesetz ein Meisterwerk seiner Väter war, weiß niemand besser als ein Verfassungsrichter. *Peter Michael Huber*, heute wieder Professor an der Ludwig-Maximilians-Universität in München, übte dieses Amt zwölf Jahre lang aus. Er ist unverändert fasziniert von dem Perspektivenwechsel, der mit dem Grundgesetz im Entwurf des Herrenchiemseer Konvents für den Artikel 1 einherging: »Der Staat ist um des Menschen Willen da, nicht der Mensch um des Staates Willen.« Von dieser Idee ist das Grundgesetz durchdrungen, in seiner Garantie der Menschenrechte bis hin zu den Regelungen unseres Zusammenlebens. Es sei deshalb »Ausdruck einer funktionierenden Gewaltenteilung und einer lebendigen Verfassungsordnung«, schreibt Huber in diesem Buch, und »insoweit wahrlich ein ›living instrument‹«.

Aber auch er sieht die Gefahren, die die vorbeschriebenen Epochenbrüche für die Akzeptanz des demokratischen Rechtsstaats und seiner Institutionen und damit auch für das Grundgesetz bedeuten können. Es sei deshalb wichtig, »dass sich Bürgerinnen und Bürger ernst genommen fühlen, dass man ihnen wirklich zuhört, statt sie zu belehren, dass die Realbefunde unvoreingenommen erhoben werden und sich die politischen Akteure nachvollziehbar um Lösungen bemühen«, und Professor Huber macht mit diesem Ziel spannende und ganz konkrete Therapievorschläge.

Noch eine andere Entwicklung muss erwähnt werden, wenn wir die Zeitenwenden der Gegenwart diagnostizieren: das Klima. Alle dem Menschen immanenten Neigungen, die Klimaveränderungen für »Wetter« zu halten, das sich heute mal so und dann wieder anders entwickle, müssen bei Betrachtung der wissenschaftlichen Realitäten scheitern. Leider bewahrheitet sich, was schon der »Club of Rome« 1972 prognostizierte: dass ein Wachstum, sofern es sich von klimaschädlichen Emissionen nicht entkoppeln lässt, zu einem kontinuierlichen Anstieg der globalen Temperatur führen müsse. Das erleben wir jetzt. In diesem Buch wirft der Meteorologe *Frank Böttcher* deshalb einen nüchternen Blick auf die Fakten und rät, sich rasch mit Methoden der Klimaanpassung auseinanderzusetzen und sie als Chancen zu nutzen.

Gemeinsam europäisch handeln

Die Herausforderungen sind – wie man in diesem Buch lesen kann – groß. Ein Staat allein kann sie nicht bewältigen, weder das Klimaproblem noch die Migration, noch die Wehrhaftigkeit der freiheitlichen Demokratie, noch die globale Zusammenarbeit. Deshalb ist und bleibt die Europäische Union von besonderer Bedeutung. Sie ist eine große Errungenschaft des letzten Jahrhunderts, geboren aus der Einsicht, dass isoliertes Handeln von Nationalstaaten leicht zu Konflikten führt. Die Friedensdividende, die wir seit der Gründung der Europäischen Union in Europa eingestrichen haben, sollte uns mahnen, diesen Schatz zu pflegen. Als Ökonom weiß *Gabriel Felbermayr* um die Neigung des Homo oeconomicus, die Dinge auch auf ihren wirtschaftlichen Vorteil abzuklopfen. »Europa muss sich rechnen«, hat er deshalb eines seiner Bücher überschrieben, und auch in dem hier vorliegenden Buch empfiehlt er diesen Weg, um auch alle anderen Vorteile der Europäischen Union zur Wirkung bringen zu können. Mehr Felder gemeinsamen Handelns – darin sieht er das Rezept, um die Europäische Union so zu stärken, dass sie ihre wirtschaftlichen Chancen wirklich nutzen und ihre geopolitische Bedeutung zugleich ausspielen kann.

Nimmt man alle Herausforderungen zusammen, die in diesem Buch beschrieben sind, werden Optimisten darauf drängen, auch aus Katastrophen, aus Zeitenwenden zu lernen, sie auch als Chance zu neuem Denken, zu Neuanfang und Neugestaltung zu sehen. Dieser optimistischen Spezies will ich mich gerne anschließen.

Ein Dank

Dieses Buch fasst die Vorträge zusammen, die 2024 im katholischen St.-Paulus-Dom zu Münster die »DomGedanken« gestaltet haben, im elften Jahr dieser Reihe. Sie ist möglich geworden durch die Überzeugung des Domkapitels des St.-Paulus-Domes, dass auch Kirche von den gesellschaftlichen Entwicklungen einer Zeit nicht unberührt bleibt und ein Ort sein muss, diese zu diskutieren. Dafür ist stellvertretend für alle Beteiligten Herrn Dompropst Hans Bernd Köppen zu danken. Diese Reihe konnte nur realisiert werden, weil mit Evonik Industries ein Unternehmen dahintersteht, das für sich entschieden hat, Corporate Citizen zu sein, Teil der Gesellschaft, und sich nicht in einen unternehmerischen Elfenbeinturm zurückzuziehen. Der Dank für die großzügige und engagierte Förderung durch Evonik Industries gilt Herrn Christian Kullmann sowie Herrn Norbert Neß.

Mein Dank geht auch an Frau Bettina Bergmann im Verlag Herder, die dieses Buch mit großer Sorgfalt begleitet hat.

Berlin, im Oktober 2024

Michael Rutz

Anmerkungen

1 Vgl. dazu Michael Rutz (Hg.), Freiheit oder Diktatur? Russlands Ukrainekrieg und wir, Freiburg i. Br. 2022.
2 https://www.bpb.de/themen/deutschlandarchiv/519981/zaesur-und-zeitenwende-wo-befinden-wir-uns/
3 Ebd.
4 https://en.wikipedia.org/wiki/Abraham_Accords

Claudia Weber

Zeitenwende? Zeitenwende!

Der Krieg in der Ukraine wird derzeit geradezu inflationär als eine Zeitenwende (Olaf Scholz) bezeichnet oder als der Beginn einer anderen Welt, in der die Europäerinnen und Europäer quasi über Nacht erwachten (Annalena Baerbock). »Zeitenwende« ist ein großes Wort. Eine Zeitenwende konfiguriert das identitäts- und orientierungsstiftende Verhältnis von Vergangenheit, Gegenwart und Zukunft neu, wenn im Koselleck'schen Sinne Erfahrungsraum und Erwartungshorizont beginnen auseinanderzuklaffen.

Rückkehr der Großmachtpolitik

Dem linearen europäischen Zeitregime der Moderne folgend, sprechen Politik und Medien nunmehr davon, dass Putins Angriffskrieg einen unzeitgemäßen Erfahrungsraum darstelle, der unserem europäischen und mithin modernen Erwartungshorizont zuwiderlaufe. Der Krieg demonstriert die Rückkehr eines Politikstils, der längst überwunden und vergangen geglaubt wurde: die traditionelle Großmachtpolitik, die Kriege um Territorien und Grenzverschiebungen »kleinerer Staaten« nicht ausschloss, sondern als legitimes Mittel der Politik und Machtbalance stets mitdachte und ausführte.

Die ehemalige Bundeskanzlerin Angela Merkel sprach im Übrigen bereits während der völkerrechtswidrigen Annexion der Krim durch Russland in ihrer Regierungserklärung am 13. März 2014 im Bundestag davon, dass es sich bei dieser Verletzung der territorialen Einheit und staatlichen Souveränität der Ukraine um einen »Konflikt wie im 19. oder 20. Jahrhundert« handele, »ein[en] Konflikt, den wir für überwunden gehalten haben. Aber«, so Merkel, »offensichtlich ist er nicht überwunden.« Wenn die Zeitenwende der Gegenwart also vor mindestens acht Jahren begann, darf gefragt werden, was in der Zwischenzeit so passiert oder eben nicht passiert ist, dass eine längst überfällige Beobachtung noch als grundstürzende Erkenntnis verkauft werden kann.

Dass allzu Offensichtliches in einer zu Superlativen neigenden politischen Rhetorik aufgewärmt und »hocheskaliert« wird, ist nicht das einzige Problem, das sich mit der Rede von der Rückkehr eines auf Großmacht zielenden Politikstils verbindet. Aus historiografischer Perspektive betrachtet, ist sie aus mindestens zwei Gründen problematisch.

Einerseits verkennt die Rhetorik den Charakter der traditionellen Großmachtpolitik, die in der Geschichte auch eine Form des europäischen Friedenssystems war. Ihren Vertretern, Diplomaten und Monarchen, ging es nicht allein um Krieg und Machthunger, sondern auch um eine stabile europäische Ordnung. Sie muss nicht die unsere sein, doch dazu ist Geschichte ohnehin nicht da. Andererseits ist fraglich, ob diese traditionelle Großmachtpolitik jemals verschwunden war. Beiden Aspekten soll im Folgenden nachgegangen werden.

Großmachtpolitik als Friedenssicherung?

Wovon sprechen also Historikerinnen und Historiker, wenn sie die Großmachtpolitik des 19. Jahrhunderts betrachten? Prinzipiell ist ein System der politischen und diplomatischen Friedenssicherung über und durch die Machtbalance der Großmächte gemeint; ein System, das nach den antinapoleonischen Kriegen auf dem Wiener Kongress von 1815 installiert wurde, um das imperiale Übergewicht eines einzelnen europäischen Staates zu verhindern und so den Frieden in Europa zu bewahren. Zur sogenannten Pentarchie der europäischen Machtstaaten gehörten Frankreich, das Königreich Preußen, die Habsburger Monarchie, das britische Empire und das Russländische Imperium (bis zur bolschewistischen Revolution im Jahr 1917).

Die Friedenssicherung in Europa auf der Grundlage der multipolaren Fünfherrschaft basierte freilich auf einem asymmetrischen Machtverständnis, das nationale oder gar nationalstaatliche Emanzipationsbestrebungen der sogenannten kleinen Völker ignorierte oder gar bekämpfte. Die »kleinen Völker« hatten ebenfalls im Zuge der Französischen Revolution und der napoleonischen Kriege gerade erst begonnen, ihren Verbleib in den Imperien wie der Habsburger Monarchie, dem Osmanischen Reich oder dem Zarenreich infrage zu stellen. Für die »Pentarchie« aber blieben die Gebiete Ost- und Südosteuropas weiterhin eine politische Verfügungsmasse, die im Interesse der Bewahrung der europäischen Machtbalance geteilt, zugeschlagen oder abgetrennt werden konnten.

Die dazu nötigen »kleinen« Kriege schienen das legitime Mittel, um den »großen« Krieg auf dem Kontinent zu vermeiden. Selbst als aus den Nationalbewegungen um die Wende zum 20. Jahrhundert Nationalstaaten wie die Königreiche Serbien, Bulgarien oder Rumänien entstanden waren, regierten dort Prinzen und Fürsten aus den Dynastien der Wittelsbacher oder Sachsen-Coburg-Gotha. Um zu existieren, bedurften die »kleinen Staaten« einer Schutzmacht, und letztendlich wurden ihre Grenzen weiterhin von den Großmächten gezogen, wie die europäischen Konferenzen um die Balkankriege 1912/13 kurz vor dem Ausbruch des Ersten Weltkriegs offenbarten.

Der Weg zur Staatssouveränität

Der Erste Weltkrieg schien das Europa der Großmächte und ihrer Kabinettspolitik zu beenden. Die kontinentalen Imperien zerfielen in Staaten, denen nicht zuletzt das Vierzehn-Punkte-Programm des US-amerikanischen Präsidenten Woodrow Wilson ein staatliches Souveränitätsrecht, verbunden mit territorialer Integrität, zuerkannte. Der ebenfalls in Wilsons Programm für den modernen Frieden in Europa vorgeschlagene Völkerbund und das moderne Völkerrecht sollten für die Sicherheit dieses Souveränitätsrechts sorgen.

War dies das Ende der europäischen Großmachtpolitik und »territorialer Verhandlungsmassen«? Mitnichten. Die neu gegründeten Staaten Polen, die Tschechoslowakei und die Ukraine, die 1918 ihre Unabhängigkeit ausrief, blieben im Zweifelsfall und im Angesicht drohender großer Kriege weiterhin Verhandlungsmasse. Es war der britische Premierminister Neville Chamberlain, der sich im September 1938 als Bewahrer des Friedens in Europa gerierte, nachdem er im Einklang mit dem französischen Premierminister Edouard Daladier und Benito Mussolini die Sudetengebiete auf der Münchner Konferenz aus der Tschechoslowakei herauslöste und dem »Dritten Reich« Hitlers übertrug. Die tschechoslowakische Regierung konnte der »ohne uns und gegen uns getroffenen Entscheidung« letztendlich nur zustimmen. Sie saß nicht einmal am Verhandlungstisch.

Der Kalte Krieg wurde in Europa auch zum »langen Frieden« (John Lewis Gaddis), weil die Nachkriegskonferenzen der Siegermächte über Territorien verhandelten, Interessen anerkannten und Einflusssphären verteilten. Als ziemlich berüchtigtes Beispiel für die Longue durée einer ideologieübergreifenden europäischen Großmachtmentalität kann das sogenannte Percentages Agreement (Prozentabkommen) gelten, das Großbritanniens legendärer Realpolitiker Winston Churchill und der sowjetische Diktator Stalin auf der Moskauer Konferenz im Oktober 1944 vereinbarten. Beide verhandelten über den Einfluss in Ost- und Südosteuropa: fifty-fifty in Jugoslawien, fifty-fifty in Ungarn, während Rumänien und Bulgarien klar der sowjetischen Sphäre zugeschrieben wurden. In Europa waren die Claims abgesteckt.

Die Stellvertreterkriege, Einflusszonen und Interessensphären fanden außerhalb Europas statt, verschwunden waren sie nicht. Führten sie dort, wie in der Kubakrise 1962 beinahe geschehen, zu empfindlichen Störungen der Machtbalance, wurde diese durch Kompromisse beider Supermächte wiederhergestellt. Es gilt in der Geschichtswissenschaft mittlerweile als belegt, dass der sowjetische Machthaber Nikita Chruschtschow in der Kubakrise nicht an einer Eskalation interessiert war, sondern der Druck eher von Fidel Castro und der kubanischen Revolutionsregierung ausging.

Friedendividende – aufgebraucht?

Mit dem Ende des Kalten Krieges war die Hoffnung verknüpft, dass der »lange Frieden« global in eine Zeit der demokratischen und marktwirtschaftlichen Prosperität führen werde. Momentan wird diese Hoffnung als sogenannte Friedensdividende bezeichnet, die in der Gegenwart aufgebraucht scheint. Tatsächlich genoss Europa die Dividende volle zwölf Jahre – bis zum 11. September 2001; ein Datum, das ebenfalls als Zeitenwende bezeichnet wird. Seitdem dominiert eine globale Unruhe, die mit Russlands Einmarsch in die Ukraine als Krieg in Europa Einzug gehalten hat. Wie die neue Weltordnung aussehen wird, werden wir erst in ein paar Jahren wissen. Ist die Angst der sogenannten kleinen Staaten in Europa, in dieser Situation wieder zur Verfügungsmasse der großen Staaten zu werden, berechtigt? Sicher. Die Ukraine, die baltischen Staaten, Polen und die Länder Südosteuropas wissen, dass die alte Mentalität nicht verschwunden ist. Würden sie auf die zehn Prinzipien der Schlussakte von Helsinki von 1975 vertrauen, dann würde die Ukraine nicht unter den rechtlich verbindlicheren Schutzschirm der NATO flüchten wollen, und die Republik Moldau hätte ebenso wenig wie Georgien und die Ukraine einen Antrag auf Aufnahme in die Europäische Union gestellt. Ihrer historischen Erfahrung zufolge steht im Regen (oder im Bombenhagel), wer es nicht unter einen Schutzschirm schafft. Wie sicher dieser tatsächlich ist, bleibt abzuwarten. Im Frühjahr 1939 erklärten Großbritannien und Frankreich der von Hitler und Stalin bedrohten Zweiten Polnischen Republik eine umfassende Garantie, die am 25. August 1939 – wenige Tage vor Hitlers Überfall auf Polen – noch einmal verstärkt wurde, um nach dem 1. September nicht mehr das Papier wert zu sein, auf dem sie stand.

Der Osten – keine Verhandlungsmasse!

Die historische Erfahrung, im Namen des europäischen Friedens, der im 20. Jahrhundert oft nur den Frieden für eine Hälfte des Kontinents meinte, hilflos zu sein, motiviert den Widerstand der Ukrainer ganz beträchtlich. Um die Unabhängigkeit und territoriale Integrität zu verteidigen, bleibt nur die Flucht nach vorn. In erster Linie geht es natürlich darum, den Aggressor abzuwehren und Putin die Stirn zu bieten. Darüber hinaus aber auch um den Appell an Europa, den Osten nicht wie so oft in der Geschichte zur Verhandlungsmasse werden zu lassen.

Die Frage, was mit der Ukraine geschieht, wenn Putin gewinnen sollte und das Land vollständig besetzt, hängt wie ein Damoklesschwert über den Solidaritäts- und Beistandserklärungen. Wird sie »geopfert« werden, auf einer internationalen Konferenz, um für den Rest des Kontinents den Frieden zu wahren? Das wäre eine moralische Kapitulation. Historisch betrachtet, ist es kein abwegiges Szenario. Fast zwingt die Ukraine derzeit das westliche Europa und – wie an den Paradigmenwechseln zu erkennen ist – auch Deutschland aus der Komfortzone und zu nachgerade unhistorischem Verhalten. Sollte Europa die Unabhängigkeit und territoriale Integrität der mit dem Mut der Verzweiflung kämpfenden Ukrainer tatsächlich dauerhaft und sicher schützen, so wäre dies tatsächlich ein Novum, eine Zeitenwende und ein wirklicher Bruch mit der historischen Großmachtlogik. Die Rede von ihrer ungewollten Rückkehr lässt dagegen Schlimmes ahnen.

Anmerkung

Dieser Text erschien erstmals am 6.3.2022 in https://verfassungsblog.de/zeitenwende-zeitenwende/ (abgerufen am 7.10.2024).

Peter M. Huber

Nach 75 Jahren Grundgesetz – Demokratie in Gefahr?
Wofür wir Deutschland brauchen

Die Lage der Demokratie – unserer Demokratie – treibt uns um. Nicht nur die Harvard-Professoren Steven Levitsky und Daniel Ziblatt sehen in ihrem Buch *How democracies die* am Beispiel von Trump, den Erfahrungen der 1930er-Jahre sowie der Entwicklungen in Ungarn und der Türkei – man hätte auch die Versuche zur Gleichschaltung der Justiz unter der PiS-Regierung in Polen oder die Auseinandersetzungen um den Supreme Court in Israel vor dem Krieg in Gaza nennen können – die Demokratie in ernsthafter Gefahr.[1] In Russland und Venezuela ist sie auf unabsehbare Zeit verloren. Auch in dem von Friedrich Wilhelm Graf und Heinrich Meier herausgegebenen Sammelband *Die Zukunft der Demokratie* betonen Autoren wie Sabino Cassese, Dan Diner, Horst Dreier oder Herfried Münkler und Peter Sloterdijk, dass die Zukunft der Demokratie nicht länger außer Frage stehe, dass sie der Kritik, aber auch des Plädoyers bedürfe.[2]

Auch die deutsche Demokratie scheint bedroht: Die Bundesregierung jedenfalls wird nicht müde, vor einer »Gefahr von rechts« zu warnen, Teile der sie tragenden Parteien, die öffentlich-rechtlichen Medien, die Presse und zahllose Wissenschaftler überbieten sich in Überlegungen zu einer verfassungsrechtlichen Absicherung des Bundesverfassungsgerichts oder zu einem Verbot der – von mehreren Verfassungsschutzbehörden als (teilweise) rechtsextremistisch eingestuften – Partei »Alternative für Deutschland« (AfD), die aus zwei der drei im im Herbst 2024 angesetzten Landtagswahlen als stärkste Kraft hervorging. Im Detail nicht verifizierte Berichte des Rechercheverbundes *Correctiv* über das Treffen einer Gruppe von Menschen mit dem österreichischen Rechtsextremisten Martin Sellner in einer Villa in Potsdam haben jedenfalls Hunderttausende Bürgerinnen und Bürger veranlasst, auf die Straße zu gehen. Vor diesem Hintergrund ist es sinnvoll, ernsthaft darüber nachzudenken, ob sich die Demokratie im Jahre 2024, 75 Jahre nach Inkrafttreten des Grundgesetzes, auch in Deutschland in Gefahr befindet, wo deren Ursachen liegen und wie ihnen begegnet werden kann.

Alarmismus ist bei diesem Unterfangen allerdings kein wirklich guter Ratgeber. Zwar gilt der kommunikative Grundsatz *»only bad news is good news«*, d. h., man muss wenigstens eine Krise beschwören, wenn man gehört werden will, und in der Tat sind wir von lauter Krisen umgeben: der Klimakrise, der Migrationskrise, der demografischen Krise, den Krisen der Kirche, der politischen Parteien, der Sozialversicherungssysteme, der analogen Wirtschaft etc. Gilt das aber auch für die Demokratie oder, genauer gesagt, den demokratischen Verfassungsstaat?

Aktuelle Lage

Stabile Ordnung seit 75 Jahren

Am 23. Mai 2024 jährt sich das Inkrafttreten des Grundgesetzes zum 75. Mal. Es gilt damit deutlich länger als alle anderen Verfassungen seit der Gründung des deutschen Nationalstaats 1867/71. Seit 1949 hat sich das Grundgesetz als flexibel genug erwiesen, um die politischen, ökonomischen und gesellschaftlichen Veränderungen aufzufangen und verfassungsrechtlich zu verarbeiten. Es hat – teilweise epochale – Zäsuren überstanden: die Wiederbewaffnung (1955); die Notstandsgesetze (1968); die Abtreibungsdebatte; die Wiedervereinigung (1990) mit all ihren Implikationen von den Mauerschützen bis zur Bodenreform; das Aufkommen neuer Parteien wie der Grünen, der Linken und der AfD; die Kriegseinsätze der Bundeswehr im Ausland; den Terrorismus von RAF, Islamismus und NSU; und auch den Ausstieg aus der Kernenergie, um den jahrzehntelang heftig gerungen wurde.

Auf der Basis des Grundgesetzes ist es gelungen, die zu großen Teilen noch aus dem Kaiserreich stammende Rechtsordnung unseres Landes gewissermaßen vom Kopf auf die Füße und den Menschen in den Mittelpunkt zu stellen, sodass man heute – anders als vor 1949 – nicht mehr von »oben«, aus der Sicht des Systems, des Staates, der Politik, der Verwaltung, auf eine Rechtsfrage blickt, sondern von »unten«, aus der Perspektive der betroffenen Bürgerinnen und Bürger, ihrer Rechte und Interessen. Diesem Paradigmenwechsel liegt ein Staatsverständnis zugrunde, das der Herrenchiemseer Konvent 1948 in Artikel 1 seines Entwurfs auf den Punkt gebracht hat: »Der Staat ist um des Menschen willen da, nicht der Mensch um des Staates willen.«

Erfolgsbedingungen

Zu den Erfolgsbedingungen der Bundesrepublik Deutschland und ihrer Verfassung gehört zweifellos die Abwesenheit existenzieller Herausforderungen in den vergangenen 75 Jahren. Krieg, Staatsstreiche, Aufstände oder Separatismus sind ihr erspart geblieben, sodass sich die Verfassungsordnung Schritt für Schritt konsolidieren und weiterentwickeln konnte. Nach zwei verlorenen Weltkriegen und einer Diktatur war die Gesellschaft in der »alten« Bundesrepublik zudem relativ homogen, die sozialen Spannungen gering, lagen die Interessen weniger weit auseinander als heute. Das sogenannte Wirtschaftswunder der 1950er- und 1960er-Jahre und der mit ihm verbundene »rheinische Kapitalismus« taten ein Übriges.

Dass Deutschland in den vergangenen 75 Jahren Glück mit seiner Demokratie hatte, liegt aber sicher auch daran, dass das Grundgesetz eine Reihe von klugen Vorkehrungen für die Stabilisierung des Gemeinwesens enthält. Und doch reicht auch ein noch so gelungener Verfassungstext nicht, um ein Gemeinwesen erfolgreich zu machen. Er muss von der Gesellschaft auch angenommen, seine Werte müssen gelebt werden.

Die Politik hat die Verfassung ernst genommen und tut dies – von Ausreißern abgesehen – nach wie vor. 67 Änderungen des Grundgesetzes sind ein Beleg dafür, dass die Politik das Grundgesetz beachten und sich zu ihm nicht in Widerspruch setzen wollte. Man mag über die sprachliche Qualität etwa von Art. 16a, Art. 13 oder Art. 90 Abs. 2 GG n. F. mäkeln; sie sind jedoch auch Ausdruck einer prinzipiellen Verfassungstreue der politischen Akteure – allerdings auch dafür, dass sich diese heute weniger als früher über den Weg trauen als die Mütter und Väter des Grundgesetzes. Sie zeigen zudem, dass die

Anpassung des Grundgesetzes an die Veränderungen der Zeit nicht allein den Richtern des Bundesverfassungsgerichts überlassen wird, sondern dass sich Bundestag, Bundesrat und Bundesregierung durchaus als maßgebliche Gestalter der verfassungsmäßigen Ordnung verstehen. Mitunter geschieht dies auch gegen das Bundesverfassungsgericht – bei der Privatisierung der Flugsicherung[3] etwa oder den Arbeitsgemeinschaften nach dem SGB II (sog. Hartz IV).[4] Das ist Ausdruck einer funktionierenden Gewaltenteilung und einer lebendigen Verfassungsordnung. Das Grundgesetz ist insoweit wahrlich ein »living instrument«.

Einklagbarkeit und Flexibilität

Zu seinen Erfolgsbedingungen gehört ferner, dass es unmittelbar geltendes Recht ist und von allen Verfassungsorganen, Behörden und Gerichten angewendet werden muss (Art. 1 Abs. 3 und Art. 20 Abs. 3 GG). Dass dies auch so durchschlagend gelungen ist, liegt nicht zuletzt an der – auf amerikanische und österreichische Einflüsse zurückgehenden – Errichtung des Bundesverfassungsgerichts. Mit seinen im internationalen Vergleich sehr weitreichenden Zuständigkeiten, die jeden Verwaltungsakt und jedes Gerichtsurteil seiner Kontrolle unterwerfen, hat es die Neuausrichtung der in weiten Teilen noch vorkonstitutionellen Rechtsordnung (BGB, StGB, ZPO, StPO etc.) vorangetrieben und durchgesetzt. Heute gibt es keine politische Frage, die sich nicht verfassungsrechtlich rekonstruieren ließe: Von der Gründung Baden-Württembergs über Bundestagsauflösungen, den Einsatz der Bundeswehr im Ausland oder Äußerungen von Bundespräsidenten und Regierungsmitgliedern bis zum Verbot politischer Parteien – die mittlerweile 165 Bände der amtlichen Sammlung des Bundesverfassungsgerichts sind auch ein Zeitspiegel bundesdeutscher Geschichte.

Verfassungspatriotismus

In dem Maße, in dem sich das Grundgesetz im Bewusstsein der deutschen Gesellschaft von einem mit geringen Emotionen befrachteten technokratischen Übergangsstatut zu einer geschätzten, wenn nicht verehrten Verfassung auf Dauer entwickelt hat, entstand so etwas wie Verfassungspatriotismus.[5] Die erfolgreiche Etablierung des demokratischen Rechtsstaates nach 1949 und die im Großen und Ganzen gelungene Bewältigung gesellschaftlicher Herausforderungen haben seit den 1970er- und 1980er-Jahren das gesellschaftliche Bewusstsein dafür wachsen lassen, dass die Integrität des Grundgesetzes einen Eigenwert darstellt, den es zu verteidigen gilt.

Wie die USA mit ihrer 237-jährigen Verfassung von 1787 zeigt auch Deutschland mit dem nun 75-jährigen Grundgesetz, dass eine »erfolgreiche« Verfassung durchaus Grundlage und Kristallisationspunkt von Verfassungspatriotismus und Bürgerstolz werden kann. Wer am 3. Oktober 2018 am Brandenburger Tor in Berlin die Performance *grundgesetzt* des Gorki-Theaters verfolgt hat, bei der zentrale Passagen des Grundgesetzes 45 Minuten lang rezitiert, getanzt und gesungen wurden, während ca. 40.000 Zuschauer dem andächtig und konzentriert folgten, konnte einen Eindruck davon bekommen, wie das Grundgesetz als im Bewusstsein der Menschen lebendige Verfassung durchaus einen Beitrag für den Zusammenhalt der Gesellschaft leistet. Auch das Verfassungsfest 2019, das in Karlsruhe mit mehr als 100.000 Menschen vier Tagen lang gefeiert wurde und bei dem die 5.000 Eintrittskarten für das Bundesverfassungsgericht innerhalb von einer Stunde vergriffen waren, zeigt, dass sich Patriotismus in Deutschland heute jedenfalls auch am Grundgesetz festmacht.

Keine Gefahr einer »illiberalen« Demokratie

Es gibt in Deutschland derzeit weder eine Staats- noch eine Verfassungskrise. Von einer populistischen und grundsätzlichen Infragestellung des demokratischen Rechtsstaates, wie wir sie in Ungarn, zeitweise in Polen und früher schon in Russland und der Türkei beobachten mussten, wo sich einmal in demokratischen Wahlen ins Amt gekommene Machthaber durch eine Beseitigung der rechtsstaatlichen Grenzen demokratischer Mehrheitsherrschaft dem für die Demokratie typischen Wechsel von Machtgewinn und Machtverlust entziehen oder zu entziehen suchen, ist Deutschland (bislang) verschont geblieben. Ernsthafte[6] Versuche, das Bundesverfassungsgericht zu entmachten, gibt es ebenso wenig wie eine Gleichschaltung der Justiz oder eine Kaperung des öffentlich-rechtlichen Rundfunks und anderer Medien durch die Regierung, eine Gängelung der Universitäten oder eine Aushöhlung bürgerlicher Freiheitsrechte.

Nach wie vor gibt es einen breiten gesellschaftlichen Konsens für die – rechtsstaatlich eingehegte – liberale Demokratie. Ihre Schmähung als Hindernis für die Durchsetzung des Mehrheitswillens und das Plädoyer für eine »illiberale« Demokratie, in der der – von den Machthabern identifizierte – vermeintliche Wille der Mehrheit das Maß der Dinge ist und das u. a. mit kruden US-amerikanischen Diskussionen um die »*countermajoritarian difficulty*« der Justiz begründet wird, haben bislang wenig Resonanz erfahren. Noch ist man sich weitgehend einig, dass der demokratische Rechtsstaat auf einer Dialektik von Mehrheitswillen und Rechtsbindung beruht und politische Herrschaft nach dem Willen der Mehrheit in ihm nur als rechtlich verfasste und gebundene Herrschaft zulässig ist. Diese darf sich insbesondere nicht über die rechtsstaatlichen Garantien der Verfassung hinwegsetzen, weil erst diese – vor allem Grundrechte und Rechtsschutz – jenen offenen demokratischen Diskurs ermöglichen, in dem die Minderheit (wieder) zur Mehrheit werden kann. Um sicherzustellen, dass Herrschaft nur auf Zeit möglich ist,[7] dass die jeweilige Mehrheit in dauerhafter Konkurrenz zur Minderheit steht und diese stets die Chance hat, selbst zur Mehrheit zu werden, darf jene nicht die offene Tür, durch die sie eingetreten ist, hinter sich zuschlagen.

Im Übrigen verfügt der demokratische Rechtsstaat des Grundgesetzes über eine Reihe von Instrumenten, die der Demokratie auch Zähne verleihen und ihre Qualifikation als »wehrhaft« durchaus plausibel erscheinen lässt: die Loyalitätspflicht von Beamten, Soldaten und Richtern (Art. 33 Abs. 5 GG), den Verfassungsschutz auf Bundes- wie auf Landesebene, Vereinsverbote (Art. 9 Abs. 2 GG), Parteiverbote (Art. 21 Abs. 2 GG)[8] oder – wo die Voraussetzungen für ein Verbot nicht erfüllt sind – der Entzug der Parteienfinanzierung (Art. 21 Abs. 3 GG).[9] Alle diese Instrumente haben ihre »Feuertaufe« in der Praxis bestanden, auch wenn die einzelne Entscheidung von unterschiedlicher Seite auch Kritik erfahren hat.

Gesellschaftliche Polarisierung und sinkende Akzeptanz

Der Erfolg des demokratischen Rechtsstaats seit 1949 ist allerdings kein Grund, sich auf den Lorbeeren auszuruhen. Denn es gibt durchaus Phänomene, die das beruhigende Bild, das bisher gezeichnet werden konnte, verdunkeln. So erlebt Deutschland – wie die meisten westlichen Staaten – seit etwa einem Jahrzehnt eine zunehmende gesellschaftliche Polarisierung, die – wenn sie so weitergeht – die Akzeptanz des demokratischen Rechtsstaats und seiner Institutionen mittelfristig durchaus gefährden kann.

Diese Polarisierung wurde mit der Eurokrise erstmals spürbar und wurde später durch die Flüchtlings- und Coronakrise weiter befeuert. Der Umgang mit der Klimakrise und dem Ukrainekrieg kommen hinzu. In all diesen Konstellationen lässt sich eine zunehmende Entfremdung zwischen den »woken« grün-linken Milieus der Großstädte vor allem in Berlin, Hamburg und manchen Universitätsstädten auf der einen und erheblichen Teilen der übrigen bürgerlich-konservativen Bevölkerung auf der anderen Seite beobachten, vor allem dort, wo sie in kleinen und mittleren Städten und auf dem Land lebt. Sie hat ihren Kern in unterschiedlichen Lebenswelten, -bedingungen und -perspektiven, die sich immer weiter auseinanderentwickeln. Dort ein gut situiertes, akademisch gebildetes, kosmopolitisches Milieu, das radikal vom Individuum her denkt und Gemeinschaften wie Familie, Nation oder Kirche eher skeptisch gegenübersteht,[10] hier die traditionellen Strukturen einer kleinbürgerlichen und/oder mittelständischen Gesellschaft, in der man auch jenseits der Landwirtschaft weiß, dass man auf intakte Gemeinschaften, Strukturen, Sicherheit und Berechenbarkeit angewiesen ist.[11]

Die Diskrepanz zwischen jenen »*Anywheres*« und diesen »*Somewheres*«[12] wächst und ist mittel- und langfristig geeignet, das Vertrauen in die demokratischen Institutionen zu unterminieren. In dieser Lage verlieren auch der demokratische Rechtsstaat und seine Institutionen an Zustimmung, werden die Justiz im Allgemeinen und das Bundesverfassungsgericht im Besonderen von einem Teil der Bevölkerung als verlängerter Arm der Regierenden wahrgenommen und diskreditiert, so als spielten sie eine vergleichbare Rolle wie in totalitären Staaten wie Venezuela, Russland oder der Türkei. Obwohl dieses Bild eine groteske Verzerrung der Wirklichkeit darstellt, wird es etwa von der AfD und – mit Blick auf die Coronarechtsprechung des Bundesverfassungsgerichts – auch von eher »linken« Staatsrechtslehrern befeuert.

Daneben gilt der öffentlich-rechtliche Rundfunk – nicht ganz unverschuldet[13] – bis weit in das bürgerliche Spektrum hinein als Sprachrohr der derzeit herrschenden Mehrheit. Entsprechend groß ist die Kritik an den Anstalten, wobei die schrilleren Töne ihren Rückbau oder gar ihre Abschaffung fordern.

In höchstem Maße emotionalisierte Schauplätze dieser Auseinandersetzung sind darüber hinaus der Versuch, eine gendergerechte Sprache in der Öffentlichkeit, den Medien, Schulen und Hochschulen zu etablieren, die Diskussion um die biologische oder soziale Determinierung des Geschlechts,[14] der Umgang mit dem militanten Islam[15] und anderes mehr. Traditionelle Instrumente und Formen der Identitätsstiftung wie Flagge oder Hymne werden von den einen mit so spitzen Fingern angefasst, dass sie die anderen gar nicht mehr in die Hand zu nehmen wagen, weil sie nicht in den Verdacht des Extremismus geraten wollen. Hinzu kommt ein – psychologisch schnell instrumentalisierbarer Ost-West-Gegensatz, der früher von der PDS/Die Linke und heute von der AfD befeuert wird.

Verfassungsrechtliche Ursachen?

Die Ursachen für diese Entwicklung und das Unbehagen eines wachsenden Teils der Bevölkerung sind vielfältig. Sie haben mit der Globalisierung und ihren Folgewirkungen zu tun, mit einer Politik, die auf die spezifischen Herausforderungen der Globalisierung nicht entschieden genug reagiert, bis zu einem gewissen Grade aber auch mit der konkreten Ausgestaltung unserer Demokratie.

Unzureichende Responsivität des politischen Systems

Nach dem in Art. 20 Abs. 2 GG niedergelegten Grundsatz der Volkssouveränität geht in Deutschland alle Staatsgewalt vom

Volke aus und wird von ihm durch Wahlen und Abstimmungen sowie durch besondere Organe der Gesetzgebung, der vollziehenden Gewalt und der Rechtsprechung ausgeübt. Art. 38 Abs. 1 Satz 1 GG ergänzt diesen Kern des Demokratieprinzips in der Auslegung, die er durch das Bundesverfassungsgericht erfahren hat, durch ein Recht auf demokratische Selbstbestimmung, das den einzelnen Bürgerinnen und Bürgern eine effektive Mitsprache in den Angelegenheiten des Staates gewährleisten soll.[16]

Trotz des damit verbundenen Pathos und der theoretischen Überhöhung der Demokratie unter dem Grundgesetz scheint der Output doch ernüchternd: Dass die Migrationskrise gegen die überwältigende Mehrheit des Volkes nach allen Meinungsumfragen über ein Jahrzehnt verschleppt werden kann, spricht nicht für eine besonders große Responsivität des politischen Systems. Man könnte auch die Holprigkeiten bei der Pandemiebekämpfung, die Schwierigkeiten bei der Impfstoffbeschaffung, das Zuwarten des Bundes vor dem Erlass der Bundesnotbremse oder die Klimaschutzpolitik nennen oder den endgültigen Ausstieg aus der Atomenergie auf dem Höhepunkt der Energiekrise. Wie gut die Gründe für jede einzelne Maßnahme in diesem Zusammenhang auch waren – dass das Volk (von Aktivisten und »Wutbürgern« abgesehen) überall vor allem Zuschauer war und wachsende Ohnmachtsgefühle entwickelt hat, ist nicht zu leugnen.

Geringe Einflussmöglichkeiten

In der Tat ist das demokratische Portfolio des Souveräns überschaubar: Der Bundestag wird alle vier Jahre gewählt, Europaparlament und Landtage alle fünf, Gemeindevertretungen in der Regel alle sechs. Das politische Establishment hat auf Landesebene fast überall eine Verlängerung der Legislaturperiode durchgesetzt und strebt dies durch eine Änderung von Art. 39 Abs. 1 Satz 1 GG auch für den Bund an. Dass das demokratische Legitimationsniveau des Bundestages und der von ihm getroffenen Entscheidungen dadurch sinkt, scheint niemanden zu kümmern. Als Ersatz gibt es ausgeloste Bürgerräte, die Demokratie simulieren sollen.

Keine Instrumente direkter Demokratie auf Bundesebene

Obwohl das Grundgesetz dafür eigentlich offen ist, hat sich die Politik – einer Fehlinterpretation der Weimarer Zeit durch Theodor Heuss folgend – bislang nachhaltig gesträubt, über die wenigen direktdemokratischen Instrumente des Grundgesetzes – Art. 29, Art. 118, Art. 118a und Art. 146 GG – hinaus Volksbegehren und Volksentscheide einzuführen.

Auf Landesebene liegen die Dinge de jure zwar anders. Hier gibt es nicht nur in Bayern mittlerweile hinreichend Erfahrung mit der direkten Demokratie; aber auch in Bayern sind die Erfahrungen mit Volksbegehren und -entscheiden in den letzten 78 Jahren überschaubar. Ihre Organisation ist aufwendig und schwerfällig und unterliegt zahlreichen – von Land zu Land variierenden – Restriktionen. Die bundesstaatliche Kompetenzverteilung, Haushaltsvorbehalte, Antrags- und Zustimmungsquoren, das Erfordernis der Amtsstubensammlung, enge Fristen und eine mäßig partizipationsfreundliche Rechtsprechung der Landesverfassungsgerichte sorgen dafür, dass sich das Volk auch in den Ländern nicht ohne Weiteres äußern kann.

So bleibt Bürgerinnen und Bürgern, wenn sie ihr Recht auf demokratische Selbstbestimmung ausüben wollen, letztlich vor allem die Inanspruchnahme ihrer politischen Grundrechte: Meinungs-, Informations-, Rundfunk- und Pressefreiheit oder das

Engagement in politischen Parteien. Das hat das Bundesverfassungsgericht schon im Brokdorf-Beschluss mit Blick auf die Versammlungsfreiheit festgehalten:

> Nach alledem werden Versammlungen in der Literatur zutreffend als wesentliches Element demokratischer Offenheit bezeichnet: »Sie bieten [...] die Möglichkeit zur öffentlichen Einflußnahme auf den politischen Prozeß, zur Entwicklung pluralistischer Initiativen und Alternativen oder auch zu Kritik und Protest [...]; sie enthalten ein Stück ursprünglich-ungebändigter unmittelbarer Demokratie, das geeignet ist, den politischen Betrieb vor Erstarrung in geschäftiger Routine zu bewahren« [...]. Namentlich in Demokratien mit parlamentarischem Repräsentativsystem und geringen plebiszitären Mitwirkungsrechten hat die Versammlungsfreiheit die Bedeutung eines grundlegenden und unentbehrlichen Funktionselementes. Hier gilt – selbst bei Entscheidungen mit schwerwiegenden, nach einem Machtwechsel nicht einfach umkehrbaren Folgen für jedermann – grundsätzlich das Mehrheitsprinzip. Andererseits ist hier der Einfluß selbst der Wählermehrheit zwischen den Wahlen recht begrenzt; die Staatsgewalt wird durch besondere Organe ausgeübt und durch einen überlegenen bürokratischen Apparat verwaltet. [...] Demonstrativer Protest kann insbesondere notwendig werden, wenn die Repräsentativorgane mögliche Mißstände und Fehlentwicklungen nicht oder nicht rechtzeitig erkennen oder aus Rücksichtnahme auf andere Interessen hinnehmen [...].[17]

Unter dem Strich bleibt die Einsicht, dass Politiker nur wenig »Angst« vor dem Wähler haben und dieser relativ gefahrlos mit vermeintlichen Alternativlosigkeiten konfrontiert werden kann. Das ist freilich Gift für die Demokratie und ihre Akzeptanz.

Parteienstaatliche Überformung des Institutionengefüges

Das Grundgesetz hat mit der Realität der politischen Parteien Ernst gemacht und sie in Art. 21 GG als Einrichtungen des Verfassungslebens anerkannt. Nach dieser Konzeption sind sie Zwischenglieder zwischen dem Volk und den Staatsorganen und unverzichtbar, um deren Rückbindung an das Volk und seine Präferenzen sicherzustellen. Das hat immerhin die dauerhafte Etablierung der Grünen, der Partei Die Linke und der AfD ermöglicht, aber auch eine parteienstaatliche Überformung des Institutionengefüges bewirkt, in der Koalitionsabsprachen und -rationalitäten wichtiger sind als die pragmatische Suche nach Lösungen gemäß den geschriebenen Regelungen der Verfassung. Auch das kostet Akzeptanz.

Marginalisierung der einzelnen Abgeordneten

Schließlich sieht sich der einzelne Abgeordnete – eigentlich Dreh- und Angelpunkt der repräsentativen Demokratie – in einem stark hierarchisierten Parlamentsbetrieb, der faktisch weitgehend von der Regierung und/oder den Fraktionsspitzen bestimmt wird, marginalisiert. Theoretisch sind die Abgeordneten nach Art. 38 Abs. 1 Satz 2 GG zwar Vertreter des ganzen Volkes, an Aufträge und Weisungen nicht gebunden und nur ihrem Gewissen unterworfen; in der Praxis sind sie – soweit sie nicht über besondere Funktionen verfügen – dagegen nur eine(r) von 736, machtpolitisch also häufig eine *quantité négligeable*.

Das Abgeordnetenrecht, die Regelungen zur Politikfinanzierung (§§ 50 ff. AbgG, §§ 18 ff. PartG) und die Geschäftsordnung des Bundestages begünstigen diese Hierarchisierung des Parlaments und die Akkumulation von Macht in den Händen der Fraktionsführungen und ermöglichen diesen eine von der Verfassung so nicht vorgesehene Disziplinierung der Abgeordneten.[18] Dazu trägt auch das personalisierte Verhältniswahlrecht mit der Dominanz starrer, von der Parteiführung im Wesentlichen vorbestimmter Listen bei. Vor diesem Hintergrund muss der um seine Wiederwahl ringende Abgeordnete sich mehr um das Wohlwollen der Partei- und Fraktionsführung sorgen denn um die Zustimmung der Bürgerinnen und Bürger. Das aber beeinträchtigt den wichtigsten Hebel für die politische Selbstbestimmung der Bürgerinnen und Bürger und begünstigt Ohnmachtsgefühle.

Hypertrophie der Rechtsordnung

Eine die demokratischen Institutionen zunehmend lähmende und daher auch die Akzeptanz des demokratischen Rechtsstaats gefährdende Herausforderung besteht ferner in der Hypertrophie der Rechtsordnung. Zwar ist das Phänomen nicht neu; schon Montesquieu wird der Ausspruch zugeschrieben, dass, wenn es nicht notwendig ist, ein Gesetz zu erlassen, es notwendig ist, das Gesetz nicht zu erlassen – die Dimensionen haben sich jedoch grundlegend geändert: Ca. 150.000 – oftmals nicht oder nur schlecht aufeinander abgestimmte – Rechtsakte der Europäischen Union, 15.000 Vorschriften des Bundesrechts und etwa 8.000 Bestimmungen des Landesrechts machen es vollziehender Gewalt und Rechtsprechung, aber vor allem den Rechtsunterworfenen zunehmend unmöglich, das geltende Recht in angemessener Zeit zuverlässig zu ermitteln. Sie lassen den Vorrang des Gesetzes erodieren und machen aus Gesetz, Verordnung und Richtlinie – den vorrangigen Steuerungsinstrumenten des Rechtsstaats – Zufallsgeneratoren, deren Output kaum vorhersehbar ist. Das schadet der Rechtssicherheit und dem Vertrauen in den Rechtsstaat; es ermuntert Entscheidungsträger aber auch, rechtliche Vorgaben beiseitezulassen, oder verleitet sie zu einem – für die Akzeptanz des Rechtsstaats ebenfalls problematischen – Attentismus.[19]

Unklare Verantwortlichkeiten im Mehrebenensystem

Weiter erschwert wird die Problembeschreibung durch die Komplexität des europäischen Mehrebenensystems. In ihm bereitet es erhebliche Schwierigkeiten, Verantwortungen zuzuweisen und mit Blick auf die fünf Ebenen – Europäische Union, Bund, Länder, Kreise und Gemeinden – belastbare Kompetenzabgrenzungen und klare Verantwortungszuweisungen vorzunehmen.[20] Wenn alle bei allem mitreden, ist letztlich niemand verantwortlich. Für die politischen Akteure mag das durchaus attraktiv sein; für die Demokratie ist es ein Desaster, weil Bürgerinnen und Bürger mit ihren Anliegen damit auf eine kafkaeske Reise geschickt werden.

Moralisierung

Bleibt die zunehmende Moralisierung politischer Auseinandersetzungen, die Diskreditierung abweichender Meinungen und die Stigmatisierung. Mit der – an die dunkelsten Weimarer Zeiten erinnernden – Etikettierung der politischen Gegner als »Feinde« drängt man tatsächliche wie vermeintliche Extremisten in die Ecke, befördert ihre Radikalisierung und wird selbst dort, wo sie berechtigte Anliegen thematisieren, handlungsunfähig. Statt Bürgerinnen und Bürgern vorzuführen, dass die Leugnung des Klimawandels Unsinn ist, das Hofieren von Wladimir Putin in eine Selbstaufgabe des westlichen Lebensmodells mündet oder der Austritt Deutschlands aus der Europäischen Union seine wirtschaftliche und politische Stabilität gefährden würde, beschränkt man sich auf moralisch aufgeladene Diskussionen über »Brandmauern«, die mitunter nur deshalb gefordert werden, damit der politische Wille der Mehrheit nicht politisch relevant wird. Die – rechtsstaatlich begrenzte – Herrschaft nach dem Willen der Mehrheit macht jedoch den Kern des Demokratieprinzips aus. Verfassungsrechtlich gesprochen, sind »Brandmauern«, die im Ergebnis einen bestimmten Politikinhalt unangreifbar machen sollen, das Gegenstück zur »illiberalen Demokratie«. Für die Demokratie ist auch das gefährlich.

Therapievorschläge

Entscheidend für die Akzeptanz des demokratischen Rechtsstaats und seiner Institutionen ist, dass sich Bürgerinnen und Bürger ernst genommen fühlen, dass man ihnen wirklich zuhört, statt sie zu belehren, dass die Realbefunde unvoreingenommen erhoben werden und sich die politischen Akteure nachvollziehbar um Lösungen bemühen. Therapievorschläge liegen vor diesem Hintergrund auf der Hand:

1. ein Verzicht auf weitere Absenkungen des demokratischen Legitimationsniveaus durch Verlängerung der Legislaturperioden.

2. eine Stärkung der Responsivität der repräsentativen Demokratie durch eine Reduzierung der Dominanz parteienstaatlicher Rationalitäten im Parlaments-, Abgeordneten- und Wahlrecht und eine Stärkung des einzelnen Abgeordneten gegenüber Fraktionsführung und Regierung.
Das Bundesverfassungsgericht hat aus dieser Überlegung heraus die Einführung von Oppositionsfraktionsrechten abgelehnt,[21] den Einsatz von Wahlkreismitarbeitern für Parteizwecke begrenzt[22] und die Antragsrechte im Organstreit großzügig ausgelegt. Weitere denkbare Maßnahmen wären etwa die
   - Umgestaltung des Wahlrechts zu einem Grabenwahlrecht, das erfolgreichen Wahlkreisabgeordneten – nach

einer Stichwahl (!) – einen Parlamentssitz unabhängig von der Liste garantiert,
- flexible Listen, bei denen Wählerinnen und Wähler kumulieren und panaschieren können,
- eine Umstellung der Fraktionsfinanzierung auf Matrikularbeiträge der Mitglieder,
- eine Prozessstandschaft des einzelnen Abgeordneten für den Bundestag als Ganzen.

3. Die parteienstaatliche Überformung des verfassungsrechtlichen Institutionengefüges und die damit einhergehenden Defizite des repräsentativen Systems ließen sich zudem durch Formen der direkten Demokratie ein Stück weit lindern.[23] Diese sind keine Alternative zur parlamentarischen Repräsentation, sondern eine punktuelle Ergänzung. Als solche fordern sie das repräsentative System, wie die Erfahrungen zeigen, nicht heraus, sondern stabilisieren es.
Das zeigt etwa das Schicksal des Rauchverbots in Bayern: Der bayerische Landtag hatte es trotz wiederholter Anläufe insoweit nicht geschafft, die Situation zu befrieden, selbst die Billigung der Regelungen durch das Bundesverfassungsgericht brachte keine Ruhe.[24] 2010 hat dann das Volk gesprochen; seitdem funktioniert das Rauchverbot sogar auf dem Oktoberfest.

4. Die Gesetzgeber auf allen Ebenen müssen zudem für eine bessere Kohärenz des von ihnen erlassenen Rechts sorgen. Da sich ihre Regelungen an dieselben Bürgerinnen und Bürger richten, müssen sie dafür sorgen, dass diese weder mit widersprüchlichen Befehlen noch mit einer unverhältnismäßigen Kumulation von Belastungen konfrontiert werden. Die Verfassungsrechtsdogmatik hat hier bislang –

von der Benennung der Einheit und Widerspruchsfreiheit der Rechtsordnung als Schutzgut[25] und der Identifizierung des additiven Grundrechtseingriffs als Problem[26] abgesehen – wenig zustande gebracht.

Umso wichtiger ist es, dass die Politik erkennt, welchem Risiko sie den demokratischen Rechtsstaat mit ihrer ungebremsten Regulierung und Reglementierung aussetzt. Sie ließe sich etwa mit einem Vetorecht des Justizministers, das in Anlehnung an Art. 112 GG darauf gerichtet sein müsste, die Widerspruchsfreiheit der Rechtsordnung und die Vollziehbarkeit der Gesetze zu gewährleisten, vermutlich eher erreichen als mit dem bisher wenig erfolgreichen Normenkontrollrat.[27]

5. Darüber hinaus müssen die Kompetenzverteilungsregelungen zwischen Europäischer Union, Bund und Ländern ernst genommen und möglichst überschneidungsfrei angelegt werden. Die Neigung der Europäischen Kommission, des Gerichtshofs der Europäischen Union oder der Europäischen Zentralbank, sich weitreichende Interventionsrechte zulasten der Mitgliedstaaten zu erschließen, widerstreitet einer klaren Verantwortungszurechnung ebenso wie die in Deutschland – gegen die Rechtsprechung des Bundesverfassungsgerichts immer weiter ausgebaute[28] – Mischverwaltung.[29] Klare Kompetenzgrenzen und ihre strikte Beachtung aber sind ein Bollwerk gegen parteipolitische Kungeleien, zwingen zu sachorientierten Lösungen und erschweren unsachliche Verknüpfungen.

6. Nicht zuletzt benötigen die Akteure des demokratischen Rechtsstaats ein gewisses Maß an Mut und Risikobereitschaft. »Brandmauern« gegen Populisten und Radikale, so nachvollziehbar sie auch sein mögen, dürfen nicht dazu

führen, dass Ordnungsvorstellungen, die von der Mehrheit des Volkes getragen werden, politisch nicht mehr wirksam werden können. Dazu braucht es weder Koalitionen oder Tolerierungsabkommen mit radikalen Kräften noch die Selbstaufgabe in einer Koalition, die die Umsetzung des eigenen Wählerauftrags faktisch unmöglich macht.

Minderheitsregierungen müssen unter demokratischen Gesichtspunkten insoweit durchaus eine sinnvolle Alternative sein, auch wenn sie von Politikwissenschaftlern traditionell perhorresziert werden. Obwohl sie für die Regierenden nicht attraktiv, weil mit vielen Unsicherheiten befrachtet sind, haben andere Länder mit Minderheitsregierungen gute Erfahrungen gemacht, die man nicht vorschnell abtun sollte. So würde eine Minderheitsregierung die Unterwerfung der Institutionen unter die Rationalitäten des Parteienstaates, Koalitionszirkel etc. dämpfen und bewirken, dass Entscheidungen dorthin zurückverlagert werden, wo sie hingehören: ins Parlament. Sie würde zudem die Gesetzgebungsmaschinerie spürbar verlangsamen und der beschriebenen Hypertrophie der Rechtsordnung entgegenwirken.

7. Last, but not least ist die Beachtung der rechtsstaatlichen Spielregeln zentrale Voraussetzung für das Vertrauen in den Staat und seine Institutionen. Auch noch so gut gemeinte »Grenzüberschreitungen« von Regierungsmitgliedern,[30] Verfassungsschutz- und Sicherheitsbehörden im Kampf gegen Verfassungsgegner von links, rechts sowie aus dem islamistischen Spektrum mögen kurzfristig Vorteile bringen; auf Dauer aber erschüttern sie das Vertrauen in die Integrität des demokratischen Rechtsstaates.

Ausblick

2024 ist der demokratische Verfassungsstaat des Grundgesetzes vielen Kassandrarufen zum Trotz nicht wirklich in Gefahr. Er befindet sich jedoch – wie alle Demokratien des Westens – in unruhigem Fahrwasser, und es gibt Anzeichen dafür, dass dieses noch schwieriger werden könnte. Es liegt an uns allen, es so weit nicht kommen zu lassen.

»Wir sind das Volk«, und daher tragen wir, jeder für sich und nach seinen Möglichkeiten, Verantwortung dafür, dass die Voraussetzungen, von denen der demokratische Rechtsstaat und seine Akzeptanz leben, erhalten und intakt bleiben: indem wir unsere staatsbürgerlichen Mitwirkungsrechte nutzen und von unseren Grundrechten Gebrauch machen, indem wir andere – auch uns widerstrebende – Auffassungen zur Kenntnis nehmen und sie zumindest erwägen, indem wir politische Gegner nur als solche und nicht als »Feinde« betrachten und indem wir uns weder von der Regierung, gesellschaftlichen Mächten oder Medien von dem abbringen lassen, was wir für richtig erkannt zu haben meinen.

Deshalb ist es letztlich auch unser aller Aufgabe, für eine »echte« Zeitenwende und einen entsprechenden Bewusstseinswandel in der Gesellschaft zu sorgen: Wir müssen uns erneut darüber klar werden, wofür wir Deutschland noch brauchen. Sicherheit nach außen und innen, die Gewährleistung einer sozialen Marktwirtschaft, deren DNA die Freiheit der Marktteilnehmer und nicht obrigkeitliche Bevormundung, Lenkung und Erziehung ist, sowie einen wirkungsvollen Umwelt- und Klimaschutz kann, so wie die Dinge nun einmal liegen, letztlich nur der europäisch eingebundene Nationalstaat leisten. »*No border, no nation*« ist demgegenüber eine ebenso problematische Utopie wie die Annahme, im vereinten Europa bräuchte es die Nationen nicht mehr. Nation und Europa sind keine Alternativen, sondern zwei Seiten derselben Medaille – so wie man Westfale und Deutscher sein kann, ist man auch Deutscher und Europäer. Vor diesem Hintergrund müssen wir uns nach 75 Jahren wieder auf diese Bundesrepublik Deutschland besinnen und sie in die Lage versetzen, ihre Funktionen überzeugend zu erfüllen. Das stärkt zugleich das Vertrauen in ihre Institutionen und vermeidet, dass die Demokratie in Gefahr gerät.

Anmerkungen

1   Steven Levitsky/Daniel Ziblatt, How Democracies Die, New York 2018.
2   Friedrich Wilhelm Graf/Heinrich Meier (Hg.), Die Zukunft der Demokratie. Kritik und Plädoyer, München 2018.
3   37. GGÄndG vom 14. Juli 1992, BGBl. I 1254.
4   58. GGÄndG vom 21. Juli 2010, BGBl. I 944.
5   Dolf Sternberger, Verfassungspatriotismus, in: Frankfurter Allgemeine Zeitung v. 23.5.1979, S. 1; auch in ders., Schriften, Bd. X, Verfassungspatriotismus, 1990, S. 13 f.
6   Es gab zwar auch aus dem Spektrum der etablierten Parteien nach missliebigen Entscheidungen des Bundesverfassungsgerichts immer wieder mal Vorstöße, um dessen Zuständigkeit zu beschneiden; diese haben sich jedoch rasch im Sand verlaufen.
7   Vgl. dazu BVerfGE 141, 1 21 f. Rn. 53 – Treaty Override.
8   Zuletzt BVerfGE 144, 20 ff. – NPD-Verbotsverfahren.
9   BVerfG, Urteil vom 23. Januar 2024 – 2 BvB 1/19 – Finanzierungsausschluss NPD/Die Heimat.
10 Andreas Reckwitz, Die Gesellschaft der Singularitäten. Zum Strukturwandel der Moderne, Berlin 2017.
11 Wie tief dese Entfremdung ist, darüber gehen die Meinungen auseinander; Dominik Hirndorf, Stadt, Land, …Unterschiede?, in: Konrad-Adenauer-Stiftung, Monitor Wahl- und Sozialforschung, April 2024.
12 David Goodhart, The Road to Somewhere: The Populist Revolt and the Future of Politics, London 2017.

13 Vgl. Bericht des Rates für die zukünftige Entwicklung des öffentlich-rechtlichen Rundfunks (Zukunftsrat), Januar 2024.
14 Stellungnahme der Humboldt-Universität zu Berlin vom 4. Juli 2022 zur Absage des Vortrags »Geschlecht ist nicht (Ge)schlecht: Sex, Gender und warum es in der Biologie zwei Geschlechter gibt« bei der Langen Nacht der Wissenschaften 2022, online abrufbar unter: https://www.hu-berlin.de/de/pr/nachrichten/juli-2022/nr-23125 (abgerufen am 26.4.2024).
15 Erklärung der Universität Jena vom 14. September 2023 zum Interview mit dem Tagesschau-Sprecher Constantin Schreiber in der ZEIT, online abrufbar unter: https://www.uni-jena.de/230914-schreiber (abgerufen am 26.4.2024).
16 Vgl. BVerfGE 89, 155 (187) – Maastricht; 123, 267 (340 f.) – Lissabon; 129, 124 (169, 177) – EFSF und Griechenlandhilfe; 132, 195 Rn. 104) – eA ESM; 135, 317 Rn. 125 – ESM; 142, 123 Rn. 126 – OMT.
17 BVerfGE 69, 315 (346 f.) – Brokdorf.
18 Paradigmatisch BVerfGE 130, 318 ff. – Sondergremium.
19 Peter M. Huber, Rechtsstaat, in: Herdegen/Masing/Poscher/Gärditz (Hg.), VerfassungsR-HdB, 2021, § 6 Rn. 108.
20 Peter M. Huber, Der Gerichtshof der Europäischen Union und das Bundesverfassungsgericht als Hüter der unionalen Kompetenzordnung, Berlin 2023, S. 19 ff. m. w. N.
21 BVerfGE 142, 25 ff. – Oppositionsfraktionsrechte.
22 BVerfGE 146, 327 Rn. 83 ff. – Wahlprüfungsbeschwerde (keine Verletzung der Wahlrechtsgleichheit durch Fünf-Prozent-Sperrklausel, Versagung eines Eventualstimmrechts sowie Staatsfinanzierung von Fraktionen, Abgeordneten und politischen Stiftungen).
23 Peter M. Huber, Direkte Demokratie? Gefahren und Chancen für das repräsentative System, in: Botha/Schaks/Steiger (Hg.), Das Ende des repräsentativen Staates? Demokratie am Scheideweg, Baden-Baden 2016, S. 293 (305 ff.).
24 BVerfG, NJW 2008, 2701 ff.
25 BVerfGE 98, 106 (118 f.) – Kommunale Verpackungssteuer.
26 Jörg Lücke, Der additive Grundrechtseingriff sowie das Verbot der übermäßigen Gesamtbelastung des Bürgers, DVBl. 2001, 1469 ff.
27 Gesetz zur Einsetzung eines Nationalen Normenkontrollrates vom 14. August 2006 (BGBl. I S. 1866), zuletzt geändert durch Artikel 1 des Gesetzes vom 19. Juni 2022 (BGBl. I S. 920).
28 Vgl. nur BVerfGE 137, 108 ff. – Optionskommunen.
29 Grundlegend Peter M. Huber, Klarere Verantwortungsteilung von Bund, Ländern und Kommunen? Gutachten D zum 65. DJT, 2004, D 33 ff.
30 BVerfGE 148, 11 ff. – Wanka; 154, 320 ff. – Seehofer; 162, 207 ff. – Äußerungsbefugnisse der Bundeskanzlerin.

Aleida Assmann

Brauchen wir einen neuen Gesellschaftsvertrag?
Von Menschenrechten und Menschenpflichten

Jubiläen und Gedenktage

Jubiläen und Gedenkfeiern ermöglichen es einer Gesellschaft, sich immer wieder historische Ereignisse ins Bewusstsein zurückzuholen. Einige aktuelle Beispiele für Jubiläen sind:

der 10. Dezember 2023 – das war 75 Jahre
nach der Erklärung der Menschenrechte im Jahr 1948;

der 23. Mai 2024 – das war 75 Jahre
nach Verkündung des deutschen Grundgesetzes;

der 9. November 2024 – das war 35 Jahre
nach dem Urereignis zur deutsch-deutschen Wiedervereinigung, dem Mauerfall.

Obwohl sich bei solchen Jubiläen der zeitliche Abstand jedes Mal vergrößert, nehmen die Bedeutung und Aktualität der jeweiligen Ereignisse nicht ab. Eine allmähliche Historisierung oder gar ein Verschwinden im weiten Horizont der Vergangenheit findet nicht statt, weil es sich hier um Gründungsereignisse handelt, die unsere Gegenwart ermöglicht haben und dazu bestimmt sind, sie weiter zu prägen. Sich an sie immer wieder zu erinnern ist eine demokratische Aufgabe.

Ich werde deshalb mit der Neugründung der EU nach dem Zweiten Weltkrieg beginnen und nach den rechtlichen Prinzipien und der Friedensordnung fragen, die nach dem Zweiten Weltkrieg geschaffen wurden. In einem zweiten Schritt werde ich näher auf das Grundgesetz eingehen und fragen, wie stabil diese Grundlage derzeit ist und was eine widerstandsfähige Demokratie ausmacht. In einem dritten Schritt wird es um Elemente einer politischen Kultur gehen. Dazu gehört für mich neben einer selbstkritischen Erinnerungskultur auch ein Menschenbild, das neben dem Individualismus den Gemeinsinn nicht vergisst. Der Individualismus ist ein zentrales Erbe und hohes Gut der westlichen Kultur. Er bedeutet Respekt vor jedem menschlichen Leben unabhängig von Geschlecht, Familie und Herkunft, aber diese Würde des Einzelnen darf nicht auf Kosten der Beziehung zu den Mitmenschen gehen.

Ein neuer Rechtsraum als Grundlage der EU

Am Anfang dieser Geschichte stand die Allianz der Siegermächte, die Deutschland und seine Verbündeten besiegt hatten und mit der Charta der Vereinten Nationen 1945 eine neue Friedensordnung geschaffen haben.

Nach zwei Weltkriegen und dem vom deutschen NS-Staat ausgegangenen Verbrechen des Zivilisationsbruchs der Shoah mussten die rechtlichen Grundlagen Europas noch einmal radikal erneuert werden. Das jedenfalls war die Meinung von drei jüdischen Juristen, die die Koordinaten für die europäische Nachkriegsordnung gelegt haben. Während die Namen von Jean Monnet und Robert Schumann, den Begründern der Europäischen Wirtschaftsgemeinschaft, gut bekannt sind, sind es die Namen von Hersch Lauterpacht, Raphael Lemkin und René Cassin nicht, obwohl sie den neuen Rechtsraum für die Europäische Union geschaffen haben.

Alle drei Juristen haben zwei Weltkriege erlebt und große Teile ihrer Familien im Holocaust verloren. Nach dem Krieg mussten nicht nur die Städte wiederaufgebaut werden. Was nach der Ermordung der europäischen Juden und der Verfolgung anderer Minderheiten ganz neu aufgebaut werden musste, waren die Grundlagen des zerstörten Rechtssystems. Winston Churchill hatte bereits 1941 nach Beginn des Russlandfeldzugs der Wehrmacht von einem »Verbrechen ohne Namen« gesprochen. Die Juristen haben diesem und weiteren namenlosen Verbrechen Namen gegeben. Sie waren von keinem Staat dazu beauftragt, sondern haben aus eigener Initiative diese Aufgabe für eine Neugründung Europas übernommen.

Von Hersch Lauterpacht stammt der Begriff ›Verbrechen gegen die Menschlichkeit‹. Diese Formel war als Straftatbestand in den Nürnberger Prozessen gegen die Hauptkriegsverbrecher 1945/46 erfolgreich und etablierte sich neben anderen neuen Rechtsbegriffen wie ›Verbrechen gegen den Frieden‹ und ›Kriegsverbrechen‹.

Rafael Lemkin prägte die Begriffe ›Genozid‹ und ›Völkermord‹. Am 9. Dezember 1948 wurde die von ihm verfasste »Konvention über die Verhütung und Bestrafung des Völkermordes« in der UNO (welt-)öffentlich deklariert und angenommen. Sie fand damit Einlass ins internationale Recht. Diese Initiative hat im Internationalen Gerichtshof in Den Haag ihre Institution gefunden.

Lauterpacht und Lemkin hatten bereits im und nach dem Ersten Weltkrieg Erfahrungen mit Verbrechen ohne Namen gemacht; sie wurden Zeugen der Vernichtung von zivilen Gruppen, zum Beispiel der Vertreibung und Ermordung der Armenier in der syrischen Wüste oder des Holodomor, des Hungermords Stalins an Ukrainern. Lemkins Genozidbegriff bezieht sich nicht nur auf den Schutz von Menschen als Mitgliedern von Gruppen, sondern schließt ausdrücklich auch das materielle Kulturerbe, also die Sicherung der kulturellen Weitergabe als Grundlage des Erhalts der Gruppe, mit ein, eine Forderung, die gerade mit Blick auf die von Russland angegriffene Ukraine eine neue Aktualität erhalten hat.

All das ist nicht nur Geschichte, sondern aktuelle Gegenwart. Das Römische Statut der EU von 1998, auf das sich die Ukraine, aber auch die Palästinenser beziehen, stellt inzwischen vier Verbrechen unter die Gerichtsbarkeit des Internationalen Strafgerichtshofs: das Verbrechen des Völkermords, Verbrechen gegen die Menschlichkeit, Kriegsverbrechen und das Verbrechen der Aggression.

Neben Lauterpacht und Lemkin soll als Dritter im Bunde noch der Franzose René Cassin genannt werden. Dieser Jurist, Diplomat und Erzieher war der Initiator und wichtigste Kopf bei der Erklärung der Menschenrechte am 10. Dezember 1948 vor der UNO in New York. Die Menschenrechte sind der moralische Kern moderner Demokratien. Sie haben einen westlichen Ursprung und reichen ins Zeitalter der Aufklärung zurück. Sie sind eng mit dem Amerikanischen Unabhängigkeitskrieg (1776) und der Französischen Revolution (1789) verbunden und haben einen universalen Anspruch. Warum mussten sie 1948 noch einmal neu deklariert werden? Weil Deutschland im Zweiten Weltkrieg Verbrechen in einem Ausmaß begangen hatte, wie sie die Menschheit noch nie gesehen hatte.

Cassin wurde 1968 der Friedensnobelpreis verliehen. Dieses Ereignis ging in Westdeutschland im Trubel der Studentenrevolte unter. Für den Schutz der Menschenrechte und die Verfolgung von Menschenrechtsverletzungen ist auch der Europäische Gerichtshof für Menschenrechte gegründet worden. Cassin hat ihn geleitet; ihm ging es um nichts weniger als verbindliche Grundlagen eines ›humanen Regierens‹.

Sein jüngerer Mitarbeiter Stéphane Hessel hat 2011 noch einmal von sich reden gemacht. Mit einem kurzen Manifest wandte er sich an die Jugend Europas. Sein Text mit dem Titel *Empört Euch!* erschien in Millionenauflage. «Schaut euch um», schrieb er, »ihr findet genug Themen, euch zu empören – wie man mit den Immigranten umgeht, mit ›Menschen ohne juristische Legitimation‹, mit den Sinti und Roma. Ihr werdet konkrete Situationen finden, die euch zu kraftvollem Handeln als Bürger veranlassen werden. Sucht und ihr werdet finden!« Man musste nicht lange suchen, die konkreten Situationen traten sehr bald ein. Doch damit hat sehr bald auch die Empörung die Seiten gewechselt, und die Populisten wandten sich feindlich gegen Migranten und Menschenrechte.

Das Grundgesetz zwischen Rechten und Werten

In Deutschland verlief die Demokratiegeschichte alles andere als gradlinig. Sie begann mit der Verfassung 1848 in der Paulskirche und ihren »Grundrechten des deutschen Volkes«. Diese wurden in der Monarchie jedoch gleich wieder zurückgedrängt und erst nach dem Ersten Weltkrieg in der Weimarer Verfassung von 1919 wieder aufgenommen. Im Nationalsozialismus wurden sie ganz abgeschafft. Angesichts dieser unterbrochenen Geschichte der Menschen- und Bürgerrechte in Deutschland ist es kein Wunder, dass Präsident Frank-Walter Steinmeier in seiner Jubiläumsrede am 23. Mai 2024 in Berlin das inzwischen ehrwürdige Alter des Grundgesetzes besonders hervorgehoben hat: 75 Jahre erscheinen tatsächlich wie ein Wunder der Kontinuität und Stetigkeit nach all den schnellen und dramatischen politischen Wechseln, die Deutschland in der ersten Hälfte des 20. Jahrhunderts in seiner Staatsform erlebt hat.

Das deutsche Grundgesetz stand also nicht am Anfang der deutschen Nation, sondern kam erst nach dem Zusammenbruch und Ende des NS-Staates in einem dritten Anlauf mithilfe der Alliierten zum Zuge. Gerhart Rudolf Baum, der von 1972 bis 1994 Mitglied des Deutschen Bundestags war, hat diesen Systemwandel kommentiert. Der Rechtsanwalt und ehemalige Innenminister, der als Zwölfjähriger die Bombardierung Dresdens erlebt hat, beschrieb die Neugründung der Bundesrepublik 1949 als eine kollektive Konversion: Damals »saß nicht die Jugend, die ein neues Leben beginnen konnte, im Plenarsaal, sondern lauter gestandene Männer. Und sie haben sich gelöst von einer Entwicklung, die ihre ganze Geschichte bestimmt hat, nämlich eine völkische Gesinnung, eine auf Rasse und Volk und Volkstum und Volksgemeinschaft und Nationalismus gegründete Gesellschaft. Die ist abgelöst worden durch das Grundgesetz. Aus Untertanen sind Staatsbürger geworden.« Ich möchte ihn hier leicht korrigieren: nicht aus »Untertanen«, das war die Situation des Kaiserreichs, sondern aus Nazis sind Staatsbürger geworden.

Baum hat sich in der alten und neuen Bundesrepublik mit großem Engagement für die Menschenrechte eingesetzt. 2009 erhielt er den Erich-Fromm-Preis für sein »mutiges Vorgehen gegen ein unverhältnismäßiges Sicherheitsstreben […,] das in Wirklichkeit die ›Furcht vor der Freiheit‹ ist«.

Inzwischen sieht er die Gefahr weniger in einer Einschränkung der Grundrechte der Bürger durch den Staat und eher in einer zunehmenden »Unterströmung rechtsextremistischer Verführung«. Mit besonderer Sorge beobachtet er seit Jahren den Zustrom zur AfD. Das sei für ihn ein Signal, dass viele Menschen sich von der Demokratie entfernt hätten und ihre Regeln verachteten. In dieser Entwicklung sieht er »die größte, stärkste und gefährlichste Bedrohung unserer Demokratie seit 1945«. Die alten Nazis, so wie er sie gekannt habe, seien wieder da.[1]

Anders als in der Weimarer Reichsverfassung stehen heute die Grundrechte ganz bewusst ganz vorne im Verfassungstext. Und eine Ewigkeitsklausel sichert die Grundsätze unseres Verfassungsrechts: Menschenwürde, Demokratie, Rechtsstaat, Bundesstaat und Sozialstaat. Auch mit Zweidrittelmehrheit im Bundestag und Bundesrat dürfen sie nicht abgeschafft werden.

Ich wiederhole: Die Menschenrechte sind der moralische Kern der Demokratie. Das erleben wir gerade wieder in dem Maße, wie sie umgangen, kritisiert oder außer Kraft gesetzt werden. Aufgrund unserer Geschichte beginnt die deutsche Verfassung mit dem Grundrechtekatalog, in den die wichtigsten allgemeinen Menschenrechte aufgenommen wurden. Zu den Grundrechten, die die Freiheit der Menschen gegenüber dem Staat schützen, gehören das Recht auf freie Entfaltung der Persönlichkeit, das Recht auf Leben und körperliche Unversehrtheit, das Recht auf Freiheit der Person, die Freiheit des Glaubens und das Recht auf freie Meinungsäußerung. Von diesem letzten Recht war in der letzten Zeit häufig die Rede. Wie komplex dieses Grundrecht ist, wurde Mitte 2024 klar, als das Verbot des Journals Compact in einem Eilverfahren wieder zurückgenommen wurde. Es sei nicht verfassungsgemäß, entschied das Bundesverfassungsgericht, denn obwohl die Aussagen in diesem Magazin als gesichert rechtsextrem gelten, fallen sie unter das Grundrecht der Meinungsfreiheit. Wie kann das sein, wollte ein Reporter wissen. Die Aussagen des Magazins zielten doch explizit darauf, die rechtlich-demokratische Grundordnung außer Kraft zu setzen? Der Jurist bestätigte: Die Demokratie schützt mit Artikel 5 auch diejenigen, die die Demokratie abschaffen wollen.

So tolerant geht also unsere Demokratie mit ihren Verächtern um. Das hat mich beeindruckt, aber auch verunsichert. Es stellt sich dabei die Frage: Wie widerstandsfähig ist die Demokratie? Wie schützen sich die Wohlmeinenden vor den Unwohlmeinenden? Mit dieser Frage kehre ich zum Grundgesetz zurück, um genauer zu verstehen, wie es um die Herkunft, die Grundlegung und den Schutz unserer Demokratie bestellt ist. Artikel 1 des Grundgesetzes ist gut bekannt: »Die Würde des Menschen ist unantastbar.« Doch auch hier stellen sich einige Fragen. Der Satz ergibt nämlich keinen Sinn, wenn man ihn als eine faktische Beschreibung liest. Jeder weiß, dass die Menschenwürde höchst antastbar ist und immer wieder angetastet wurde und wird. Der Satz, der die Verfassung einleitet, ergibt nur dann einen Sinn, wenn man ihn als einen Sollens-Satz liest, also als einen Appell oder eine Norm.

Dieser Satz eröffnet die Reihe der eben schon genannten Grundrechte. Er formuliert aber selbst kein Recht, das man einklagen kann. Es handelt sich hier eher um einen Wert, der die gesamte Verfassung durchdringt. In Gesprächen mit Juristen habe ich jedoch gelernt, dass sie den Begriff des Wertes meiden. Sie fühlen sich zuständig für Regeln, Verfahren und Gesetze, aber sie misstrauen den Werten.

Auch das wollte ich genauer verstehen. Also unternahm ich eine kleine Recherche zum Thema ›Werte‹ und stieß dabei auf ei-

nen Aufsatz von Carl Schmitt über »die Tyrannei der Werte«.²
Als ich diesen Text las, wurde die Liste der Gründe, warum man
das Wort ›Wert‹ unbedingt vermeiden sollte, immer länger. Es
sei schwammig und unkontrollierbar, subjektiv und unverbindlich. Werte würden in hohem Ton verkündet und suggerierten
Tiefgang. Dabei seien sie hohl und verlogen und hätten meist
die Aufgabe, partikulare Interessen und Ansprüche zu verschleiern. Mehr noch, Werte können die Demokratie zerstören, denn
jeder Wert wirft den Schatten eines Unwertes oder Gegenwerts.
Daher schaffen Werte Konfliktpotenzial. Das erleben wir gerade
in der Instrumentalisierung von Werten in der Identitätspolitik. Wenn Gruppen für ihre Werte jeweils absolute Geltung verlangen, wird es in der Gesellschaft brandgefährlich. Max Weber
warnte ja bereits Anfang des 20. Jahrhunderts vor einem Polytheismus der Werte, bei dem die alten Götter aus ihren Gräbern stiegen und untereinander wieder ihren ewigen Kampf
begännen. Zur Immunisierung plädierte er für Entzauberung
und Wertfreiheit.

Bei meiner kleinen Wertrecherche bin ich auf zwei Sätze gestoßen, die für mich das Thema gut zusammenfassen:

1. »Menschen haben keinen Wert, sondern *Würde*.«

2. »Politik muss *Menschen* dienen, nicht Werten.«³

Diese Sätze eröffnen mir zugleich auch eine neue Perspektive.
Denn der Satz »Menschen haben keinen Wert, sondern Würde«
ist kein gewöhnlicher Satz, sondern formuliert ganz eindeutig einen Wert. Also geht es offenbar doch nicht ganz ohne Wert, und
deshalb steht dieser Wert auch ganz am Anfang unserer Verfassung. Die Dekonstruktion von Werten als verschleierte Macht-
und Interessenpolitik ist richtig und wichtig, aber sie zerschellt

am Artikel 1 des Grundgesetzes. Denn was hier formuliert wird, ist ein Appell an die universale Erfahrung menschlicher Ohnmacht und Bedürftigkeit. Wenn die Politik wirklich den Menschen dienen soll und nicht nur der eigenen Partei, dann muss diese Einsicht zu einem Wert erhoben und zur moralischen Grundlage des Gemeinwesens werden.

Die Entstehung einer selbstkritischen Erinnerungskultur

Eine weitere Besonderheit der deutschen Verfassung besteht darin, dass Artikel 1 unseres Grundgesetzes auch als ein »Erinnerungsartikel« bezeichnet wird. Was ist damit gemeint? Die enge Verkoppelung von Grundgesetz und Erinnerung hat der Jurist Heribert Prantl einmal sehr anschaulich beschrieben: »Der Weg Deutschlands zum Grundgesetz führt durch Abgründe. Am Wegrand stehen Zwangsarbeiter und Herrenmenschen. Am Wegrand steht die Weiße Rose. (…) Das Grundgesetz beginnt deshalb mit dem Gedenken an die Menschen- und Menschheitsverbrechen, an Auschwitz, Sobibor, Treblinka, Majdanek und Dachau, es beginnt mit der Reaktion auf Gräuel und Verbrechen. Es beginnt mit der großen, der ewigen Mahnung in Artikel 1: ›Die Würde des Menschen ist unantastbar.‹«[4]

Prantl hat recht: In Deutschland ist Artikel 1 des Grundgesetzes »eine große und ewige Mahnung«, in die die Erinnerung an die NS-Vergangenheit eingeschrieben ist. Diese Erinnerung hat für Deutschland deshalb eine besondere Bedeutung, die inzwischen auch für die Zuwanderer relevant ist. Denn auch sie müssen wissen, was in diesem Land, in dem sie leben, geschehen ist und was die Deutschen hinter sich haben und auf keinen Fall wiederholen wollen.

Das »Nie wieder!« ist in diesem Land ein wichtiger Zukunftsimpuls geworden, der allerdings nicht mit der Gründung der Bundesrepublik in Gang gesetzt wurde. Denn nach dem Ende des Zweiten Weltkriegs herrschte zunächst eine Politik des Schlussstrichs, des Beschweigens und des sich selbst Vergebens. Es dauerte vier Jahrzehnte, bis sich daran etwas änderte. Eine Rolle bei dieser Veränderung spielte auch eine Reihe von Jubiläen und Gedenktagen, die die Vergangenheit in die Gesellschaft zurückbrachte und zum Gegenstand gesellschaftlicher Auseinandersetzung machte. Die entscheidenden Daten waren der 8. Mai 1985 mit der Rede von Richard von Weizsäcker im Bonner Bundestag 40 Jahre nach Kriegsende, aber auch, nicht zu vergessen, die Veranstaltungen in den deutschen Städten Ost- und Westdeutschlands am 9. November 1988 50 Jahre nach der Reichspogromnacht. Das Blatt begann sich zu wenden, und die Geschichte kehrte zurück.

Eine wichtige Rolle spielte dabei der Wechsel der Generationen. 20 Jahre nach 1968 begann die jüngere Generation, in Städten, Kommunen und Institutionen nachzufragen und Spuren jüdischen Lebens zu sichern. Gleichzeitig begann international eine Befragung von Zeitzeuginnen und -zeugen des Holocaust, die sich nun erst in großer Zahl zu Wort meldeten. Nach dem Sturz der Mauer 1989 erweiterte sich der Horizont nicht nur im Raum, sondern auch in der Zeit. Verschlossene Archive waren plötzlich zugänglich, und eine neue historische Forschung kam in Gang. Im Januar 2000 entstand, von Schweden ausgehend und von den USA und Israel gestützt, eine Holocaust-Erinnerungsgemeinschaft mit allen Mitgliedstaaten der EU, und im vereinten Deutschland entstanden neue Denkmäler, Museen und Gedenkstätten.

Neu an dieser »Erinnerungskultur« war der Umbau von einer ausschließlich auf Größe und Stolz ausgerichteten nationalen Erinnerung, die es immer schon gab, in Richtung auf eine selbstkritische Perspektive. Das nationale Gedächtnis ist traditionellerweise der Sockel, auf dem ein positives Selbstbild errichtet wird, das anerkannt und bewundert werden will. Ereignisse, die dieses Bild gefährden, werden deshalb einfach übergangen, schamvoll verschwiegen oder verdrängt. Diese selbstkritische Erinnerung entwickelte erstmals ein Bewusstsein für die eigenen Verbrechen und die Verantwortung gegenüber den Opfern. Diese neue – und keineswegs flächendeckend verbreitete – Haltung gegenüber der eigenen Geschichte hat der polnische Philosoph Leszek Kołakowski mit folgenden Worten beschrieben: »Wir lernen aus der Geschichte, um die Gesichter derer um uns herum zu erkennen, die am schlimmsten unter ihr gelitten haben.«[5]

In dieser Entwicklung stand Deutschland damals nicht allein. In vielen europäischen Ländern gab es Historikerkommissionen, die Erinnerungsschübe in Gang setzten und nationale Selbstbilder veränderten. Aufgrund neuer Dokumente über Vichy und die Geschichte des Antisemitismus in Ostdeutschland waren Frankreich und die DDR plötzlich nicht mehr ausschließlich Widerstandskämpfer, nach der Affäre um Kurt Waldheim oder den Diskussionen um Jedwabne waren Österreich und Polen nicht mehr ausschließlich Opfer, und selbst die neutrale Schweiz musste sich mit den Banken und der Grenze als neuen ›nationalen Erinnerungsorten‹ auseinandersetzen.

Mit der Wiedervereinigung und Osterweiterung haben sich in Europa auch die Grenzen verschoben, zunächst gewollt und freiwillig, dann aber auch unfreiwillig durch die Ströme von Migranten. Damit hat sich die Zusammensetzung der Bevölkerung fortschreitend verändert. Mit jeder demografischen Veränderung muss auch der Gesellschaftsvertrag erneuert werden. Die ost-westdeutsche Integration ist keineswegs abgeschlossen, die zunehmend migrantisch geprägte Gesellschaft steht noch am Anfang. Nach vier weiteren Jahrzehnten ist in Westeuropa gerade ein neuer Erinnerungsschub in Gestalt der Kolonialgeschichte hinzugekommen. In der divers gewordenen Migrationsgesellschaft gibt es verschiedene Herkunftsgeschichten, die zum Teil mit der Nationalgeschichte des Aufnahmelandes in einen Dialog treten und dazu führen könnten, dass bislang getrennte Vergangenheiten im Dialog neu erzählt werden.

Gesellschaftsvertrag und politische Kultur

Ich wiederhole: Die Menschenrechte sind der moralische Kern der Demokratie und der europäischen politischen Kultur, die nach 1945 neu geschaffen wurde. Das wird nirgendwo so klar wie in Deutschland, wo in der Zeit des kolonialen Rassismus und der antisemitischen NS-Ideologie die Menschen in wertvoll und wertlos aufgeteilt und zur Ausbeutung bzw. zur Vernichtung freigegeben wurden. Carl Schmitt, der selbst als Jurist mit seiner Schrift »Der Führer schützt das Recht« (1934) die Praxis der Enteignung, Verfolgung und Vernichtung der Juden untermauert hatte, hat in seinem Traktat über »die Tyrannei der Werte« diesen nationalsozialistischen Umgang mit Werten mit keinem Wort erwähnt. Der Grund ist klar: Er litt nicht unter den Werten des Nationalsozialismus, er litt unter den Werten der Nachkriegszeit! Wie sein Freund Ernst Jünger »hasste er die Demokratie wie die Pest«. Beide mobilisierten vor 100 Jahren mit rechtsextremem Gedankengut. Hier zwei Beispiele. Ernst Jünger schrieb in seinem nationalistischen Manifest 1928:

Wir Nationalisten glauben an keine Wahrheiten.
Wir glauben an keine allgemeine Moral.
Wir glauben an keine Menschheit als ein Kollektivwesen mit zentralem Gewissen und einheitlichem Recht.

Wir glauben vielmehr an ein schärfstes Bedingtsein von Wahrheit, Recht und Moral durch Zeit, Raum und Blut.
Wir glauben an den Wert des Besonderen.[6]

Und Carl Schmitt wird heute gerne mit einem Satz zitiert, den er von einem anderen Zitat abgeleitet hat. Proudhon hatte geschrieben: »Wer Gott sagt, will betrügen.« Schmitt machte daraus: »Wer Menschheit sagt, will betrügen.« Und er ergänzte: »Wer Werte durchsetzen will, will betrügen.« Schmitt empfand es als eine große Demütigung, die letzten vier Jahrzehnte seines Lebens unter dem Grundgesetz zu leben. Obwohl das gut bekannt und gesichert rechtsextrem ist, scheint es für viele heutige Intellektuelle unter Artikel 5 der Meinungsfreiheit zu fallen. Seit es jedoch neurechte Thinktanks gibt, die diese Meinungen sehr erfolgreich verbreiten, sollte unsere Demokratie mehr in gezielte Aufklärung investieren.

Menschenrechte verkümmern ohne Menschenpflichten

Wir sollten nicht vergessen, dass das erneute Ringen um Menschenrechte im 20. Jahrhundert kein rein westliches Projekt war. Mahatma Gandhi war in den 1940er-Jahren mit ähnlichen Fragen beschäftigt. Er wollte jedoch die Frage nach den Menschenrechten nicht von der Frage nach den Menschenpflichten ablösen. Für ihn war der enge Zusammenhang zwischen Menschenrechten und Menschenpflichten selbstverständlich, wie er 1947 in einem Brief an Julian Huxley erläuterte: »Ich habe von meiner weisen Mutter, die weder schreiben noch lesen konnte, gelernt, dass alle Rechte, die wir verdienen und bewahren, aus gut erfüllten Pflichten stammen. So erwerben wir uns das Recht zu leben erst wirklich, wenn wir unsere Pflicht als Bürger der

Welt erfüllen. Aus diesem fundamentalen Satz könnte man leicht die Pflichten von Mann und Frau ableiten und jedes Menschenrecht mit einer vorgängigen Menschenpflicht verbinden.«[7]

Es war Gandhis Anliegen, die Menschenrechte aus dem Vakuum ihres abstrakten und rein philosophischen Ursprungs herauszuholen und kulturell einzubetten und abzustützen. Er wünschte sich, dass die Menschenrechte Teil des Gewebes des sozialen Lebens und einer politischen Kultur würden, das sich Gandhis Mutter – ganz entsprechend der Goldenen Regel »Was du nicht willst, das man dir tu, das füg auch keinem anderen zu« – als ein unlösbares Verhältnis der Gegenseitigkeit und als einen Kreislauf von Geben und Nehmen vorstellte.

In dieser Auffassung sind westliche Theoretiker Gandhi gefolgt. Der Jurist und Historiker Samuel Moyn geht ebenfalls von einem engen Zusammenhang zwischen Menschenrechten und Menschenpflichten aus: »Wir kennen alle die Forderung, dass alle Menschen überall Rechte haben. Aber wir machen uns nicht klar, dass diese Rechte nur durch die Erfüllung von Menschenpflichten geschützt werden.« Menschenrechte, die vom Staat garantiert sind, müssen in der Gesellschaft von Mitmenschen eingeklagt werden dürfen. Es bedarf immer der Unterstützung anderer, die Aufmerksamkeit mobilisieren, Anerkennung zollen, Informationen verbreiten, Appelle formulieren und Forderungen Nachdruck verleihen. Erst seit es unabhängige nichtstaatliche Organisationen (NGOs) wie Amnesty International (gegründet 1961) oder Human Rights Watch (1978) gibt, gibt es auch eine praktische Basis für ihre Durchsetzung, und *advocacy* (die Vertretung der Interessen anderer) ist ja nichts anderes als die Wahrnehmung einer Menschenpflicht. Ohne eine solche politische Kultur des »Sprechens-für« im Namen bedürftiger Anderer bleiben die individuellen Menschenrechte wirkungslos. Mit anderen Worten: Die politischen Rechte in einer Demokratie sind von ihrer sozialen Einbettung gar nicht zu trennen. Deshalb betont Moyn: »Menschenrechte verkümmern ohne Menschenpflichten.«[8]

Eine weitere Anwältin für die enge Verschränkung von Menschenrechten und Menschenpflichten ist die Philosophin Onora O'Neill. Auch sie warnt davor, die Menschenrechte isoliert zu betrachten: »Jede Umsetzung wird scheitern, solange nicht geklärt ist, wer was für wen tun soll.«[9]

Für O'Neill erweist sich der radikale Individualismus, der in die Menschenrechtskataloge eingeschrieben ist, als problematisch. Dieses westliche Menschenbild des autonomen Individuums lenkt für sie von den sozialen Grundvoraussetzungen der Menschenrechte ab. Denn keiner steht oder lebt nur für sich selbst. Leben bedeutet immer schon Teilhabe, und das bedeutet, eingebunden zu sein in soziale Bezüge und von Mitmenschen umgeben zu sein.

Fazit: Eine politische Kultur des Gemeinsinns

Der Diskurs der Öffentlichkeit ist derzeit bestimmt von einem schrillen parteipolitischen Gezänk, das meist der eigenen Profilierung dient und oftmals ein konstruktives, die Menschen einbeziehendes Problembewusstsein und gemeinsames Nachdenken über konstruktive Lösungen verhindert. Aber vielleicht erneuert sich die Politik ja nicht nur aus den Parteien, sondern auch aus den Impulsen der Zivilgesellschaft heraus. Eine wichtige Rolle könnte dabei eine parteiübergreifende politische Kultur des Gemeinsinns spielen, die den Menschen als Beziehungswesen anerkennt. Was damit gemeint ist, soll abschließend ein historisches Beispiel aus den USA veranschaulichen.

Die Menschenrechte, mit denen ich diesen Vortrag begonnen habe, sind kein Selbstläufer. Sie brauchen eine gesellschaftliche Einbettung. Auch das Recht bedarf der Stütze und Ergänzung durch eine Gesellschaft, die bereit ist, Individualismus mit Gemeinsinn zu verbinden. In den USA entstand die erste Menschenrechtserklärung als Teil der nationalen Unabhängigkeitserklärung. Aber die Pioniere der Menschenrechte dachten noch nicht daran, die Gleichheit *aller* Menschen wörtlich zu nehmen. Frauen, Indigenen, Sklaven und Schwarzen wurde der Status des gemeinsamen Menschseins in der amerikanischen Geschichte nur sehr zögerlich zuerkannt. Da die Rassentrennung in einigen Staaten per Gesetz noch bis in die 1950er-Jahre festgeschrieben war, bedurfte es nach dem amerikanischen Bürgerkrieg im 19. Jahrhundert noch einer Bürgerrechtsbewegung im 20. Jahrhundert, um die Menschenrechte als Bürgerrechte für alle Amerikaner durchzusetzen.[10]

Es war John F. Kennedy, der 1963 während der Bürgerrechtsbewegung im Kongress das entscheidende Gesetz auf den Weg brachte, das die infamen Jim-Crow-Gesetze der Rassentrennung und Diskriminierung beseitigte. Er sprach damals von einer tiefen »moralischen Krise des Landes und der Menschen«, die nicht allein durch Proteste und Demonstrationen überwunden werden könne. Aber auch über die Durchschlagskraft von Gesetzen allein machte sich Kennedy damals keine Illusionen in einer von Rassismus geprägten Gesellschaft: Er sagte: »Selbst ein Gesetz kann alleine nichts bewirken. Der Schlüssel liegt bei jedem einzelnen Amerikaner in jeder einzelnen Stadt, in jeder einzelnen Gemeinde.«

Gesetze kann man nämlich untergraben und umgehen, wenn man sie ablehnt. Wenn man nicht hinter ihnen steht, werden sie auch nicht umgesetzt. Um die Rassentrennung wirklich zu überwinden, bedurfte es deshalb nicht nur eines neuen Gesetzes, sondern auch eines neuen Gesellschaftsvertrags und einer neuen politischen Kultur der gegenseitigen Anerkennung und Annäherung. Genau hier sah Kennedy nicht nur einen Raum für Rechte, sondern auch für Pflichten. Deshalb rief er seinen Landsleuten den berühmten Satz zu: »Fragt nicht, was euer Land für euch tun kann, fragt, was ihr für euer Land tun könnt!« Denn die Rechte der Schwarzen lassen sich nur durchsetzen, wenn die Weißen ihre Pflichten als Mitbürger wahrnehmen. Demokratie braucht Solidarität und Gemeinsinn im Zusammenspiel von Menschenrechten und Menschenpflichten. Um Vertrauen zu schaffen und ein nachhaltig gerechtes und friedliches Zusammenleben aufzubauen, bedarf es Formen des Gemeinsinns durch lokale Bewegungen und Begegnungen, Nachbarschaftshilfe, bürgerschaftliches Engagement – auf der Grundlage eines Menschenbildes, das den Menschen nicht nur als radikalen Individualisten, sondern auch als Beziehungswesen begreift.

Ein solches Menschenbild bedeutet: Jeder Mensch bedarf des Schutzes und der Fürsorge anderer Menschen. Er hört selbst auf, Mensch zu sein, sobald ihm das Leiden anderer, die nicht zu seiner Gruppe gehören, gleichgültig wird. Der Status des Menschseins ist von Grund auf prekär, denn keiner ruht in sich selbst; jeder und jede ist von der Anerkennung bzw. der Aberkennung des Menschseins durch andere abhängig. Dieser Verlust der Humanität gilt sowohl für diejenigen, denen ihr Menschsein abgesprochen wird, als auch für diejenigen, die es anderen absprechen. Unempfindlichkeit, Diffamierungen, Abwertung und Abschreiben von Menschen als gleichwertigen Mitmenschen – dafür standen in unserer Gesellschaft früher die Juden und heute vulnerable Gruppen wie die Migranten und ethno-kulturelle Minderheiten. Nein, die Geschichte wiederholt sich nicht, aber sie reimt sich. Wer in die falsche Kategorie gerät, kann nicht mehr mit Aufmerksamkeit, Empathie und Fürsorge rechnen. Diese Menschen verschwinden in den Zahlen von Statistiken.

All das steckt in Artikel 1 unseres Grundgesetzes: »Die Würde des Menschen ist unantastbar.« Wie wird diese Würde rechtlich geschützt? Die Antwort ist, wie wir gesehen haben: durch die sprachliche Form und den Kontext des Satzes selbst, der im Grundsatz zu einem Wert erhoben wird. Es geht hier nicht um eine Freiheit des Individuums gegenüber dem Staat. Die Menschenwürde ist kein Recht, das wir einklagen können, sondern ein Wert, den wir uns und anderen schulden. Dieser Grundsatz richtet sich nicht nur an den Staat, sondern spricht auch eine Verpflichtung an die Mitmenschen in der Gesellschaft aus. Eine wehrhafte Demokratie braucht ein Bild vom Menschen als Beziehungswesen, eingebunden in die Mit- und Umwelt und angewiesen auf die Unterstützung anderer. Und sie braucht, wie Kennedy bereits wusste, gemeinsinnige Bürgerinnen und Bürger. Es wäre eine Zeitenwende zum Besseren, wenn wir in diesen krisenhaften Zeiten den Gemeinsinn stärken würden.

Anmerkungen

1 Zeit-Online-Interview am 14. 9. 2024 mit Gerhart Baum, https://www.youtube.com/watch?v=YjlalCq8nzk.
2 Carl Schmitt/Eberhard Jüngel/Sepp Schelz, Die Tyrannei der Werte. Hamburg 1979.
3 Der erste der beiden Sätze geht auf Kant zurück.
4 Heribert Prantl, Kommentar zu: »Auschwitz, Grundgesetz«, SZ vom 19.5.2010.
5 Estera Flieger, The populist rewriting of Polish history is a warning to us all, in: The Guardian, 17. 9. 2019, https://www.theguardian.com/commentisfree/2019/sep/17/populist-rewriting-polish-history-museum-poland-gdansk..
6 Dieser Text erschien 1926 in Friedrich Georg Jünger, Aufmarsch des Nationalismus. Er ist aus dem Geist der Frontkameradschaft geschrieben und wurde bis in die Gegenwart nicht mehr aufgelegt. Jetzt hat ihn der Antaios Verlag in einer Sammlung Quellentexte wieder aufgelegt.

7 Mohandas Gandhi, Brief an Julian Huxley vom 25.5.1947. Der Brief wird zitiert in Dieter Conrad, Ghandi und der Begriff des Politischen, Paderborn 2006, S. 185 (aus dem Engl. von A. A.).

8 Samuel Moyn, Rights vs. Duties: Reclaiming Civic Balance, Boston Review, 2016.

9 Onora O'Neill, Gerechtigkeit über Grenzen. Pflichten in der globalisierten Welt, München 2019, S. 213.

10 Im täglichen Fahneneid, der an allen Schulen des Landes gesprochen wird, heißt es: »*one Nation under God, with liberty and justice for all*«. Darauf bezog sich der Anwalt der Familie von George Floyd, als er auf das Urteil der Geschworenen im Rechtsverfahren gegen den Polizisten wartete: »Heute werden wir sehen, ob ›Freiheit und Gerechtigkeit‹ in unserer Demokratie Werte sind, die wirklich auf alle Gruppen in der Gesellschaft angewandt werden!«

Joe Chialo

Zeitenwende – wie damit umgehen?
Für eine demokratische Grundsanierung

Unbequeme Zeitenwenden

Es freut mich besonders, dass diese Reihe den Begriff der »Zeitenwende« einer kritischen Inspektion unterzieht. In der Politik, im politischen Alltag wünschen wir uns oft, dass wir mit einprägsamen Worten wie »Zeitenwende« etwas auslösen bei den Menschen, dass die Worte eine Orientierung geben, dass sie im besten Fall Mut machen. Aber wirkliche Kraft entfalten diese Worte nur, wenn wir sie auch mit Leben füllen. Das kennen wir aus der Geschichte.

Berühmtestes Beispiel ist sicher der aus Frankreich stammende Ruf nach »Freiheit, Gleichheit, Brüderlichkeit«. Vermutlich gehört auch Willy Brandts »Mehr Demokratie wagen« in diese Liste, wie auch Konrad Adenauers klares und aktuell wieder hochaktuelles Bekenntnis: »Friede ohne Freiheit ist kein Friede!« Diese Worte waren nicht wirkungslos. Eine Gesellschaft gewinnt, wenn Worte nicht nur große Worte bleiben, sondern zu großen Handlungen, zu einem Wirgefühl führen.

Unbestreitbar hat der Begriff der »Zeitenwende« ja etwas durchaus Faszinierendes. Menschen wünschen sich, in besonderen Zeitaltern zu leben – und was mag es Aufregenderes geben, als einer »Zeitenwende« anzugehören? Aber wie ernst ist es uns mit dieser »Zeitenwende«? Eine »Zeitenwende« ist nicht bequem, sie ist nicht einfach, und vor allen Dingen ist sie das Gegenteil von Stillstand, von »weiter so«. Deshalb müssen wir uns an dieser Stelle doch fragen: Sind wir überhaupt bereit zu dieser Wende?

Mit Blick auf den Wahlausgang bei den Landtagswahlen in Sachsen, Thüringen und Brandenburg wissen wir: Das ist nicht die Zeitenwende, die uns als Demokraten vorschwebt. Wir wollen nicht, dass populistische Kräfte ganz unverhohlen ein »Wir« formulieren, das sich gegen das »System« und gegen die liberale Demokratie richtet. Die Wählerinnen und Wähler mögen von der Politik desillusioniert sein und frustriert von der Art und Weise, wie Deutschland geführt wird. Aber wir brauchen in diesen schwierigen Zeiten mehr Einigkeit und Zielstrebigkeit als je zuvor. Uns rennt die Zeit davon. Wir dürfen uns jetzt nicht auf vermeintlich schnelle und simple Lösungen einlassen, denn solche Lösungen gibt es für die Krisen unserer Zeit nicht.

Den Konsens suchen

Ja, viele Menschen fühlen sich nicht gehört, gerade bei herausfordernden Themen wie der Migration oder dem Ukrainekrieg. Ja, sie fühlen sich auch nicht mehr von den demokratischen Parteien der Mitte vertreten. Vielleicht auch deswegen, weil die Parteien der Mitte es verweigern, sich und ihre Entscheidungen selbstkritisch zu hinterfragen und Sorgen und Ängste der Menschen bei diesen Entscheidungen ausreichend zu berücksichtigen.

Es war immer Ausweis der Demokratie in Deutschland, alle Meinungen und Argumente anzuhören, sich zu streiten, um schließlich einen Kompromiss zu finden. Der Erfolg dieses Landes ist eng verknüpft mit der Fähigkeit zum Konsens. Doch nun scheint es meist nur noch offene Feindseligkeit und gegenseitige Abwertung zu geben. Wenn jemand eine gegenteilige Meinung vertritt, ist er wahlweise ein »Nazi« oder »woke«. Wenn jemand anders reagiert, als man erwartet, wendet man sich ab.

Ein Wir, ein unabhängig von Parteienpräferenzen existierendes Wir, das in gemeinsamen Zielen, in gemeinsamen Werten widerklingt, scheint nicht mehr aufrufbar. Dabei wäre dieses Wir – das Streben und die Fähigkeit zum Konsens – entscheidend, um Antworten auf Migration oder Kriege gemeinsam zu entwickeln. Wir müssen gemeinsam nach vorne blicken und das Ziel definieren, das wir erreichen wollen und für das wir bereit sind, Anstrengungen zu unternehmen und notwendige Härten in Kauf zu nehmen. Das entspräche dem Geist unseres Landes, das nach den desaströsen Erfahrungen des Nationalsozialismus immer nach vorne geblickt hat, das auch in schwierigen Zeiten immer nach Lösungen gesucht und Chancen wahrgenommen hat.

Vor solchen schwierigen Umbrüchen stehen wir auch jetzt. Aber sind es nicht gerade die komplexen Herausforderungen, die eine Gesellschaft auf ein nächstes Level heben? Ist es nicht die beste Voraussetzung für die Entwicklung einer Gesellschaft, eine nur schwer lösbare Aufgabe gemeinsam anzugehen? Aber dafür müssen wir wissen, wohin wir uns eigentlich wenden wollen. Wissen wir das? Haben wir wirklich ein Ziel vor Augen? Aleida Assmann hat das ja unlängst sehr treffend auf den Punkt gebracht: »Das Land braucht eine Idee davon, was es eigentlich sein will.«

Und? Haben wir die Idee? Wissen wir, was wir sein wollen?

Wir müssen ein positives Bild von unserem Verhältnis zueinander, von einer konstruktiven Gesellschaft, entwickeln, auch wenn das mitunter sehr schwer ist. Vor allem nach den brutalen Messerangriffen auf Polizisten und Menschen, die einfach nur feiern wollten. Vor allem auch nach dem Wahlausgang in Sachsen, Thüringen und Brandenburg, der die Demokratie auf eine bisher ungekannte Probe stellt. Vor allem auch mit Blick auf die Stimmung im Land, die zwischen Wut und Resignation schwankt, in der viele nicht mehr an das Gute glauben wollen und auch nicht mehr daran, dass alles gut werden kann. Umso mehr sollten wir gemeinsam eine Vorstellung dieses Guten entwickeln – und uns eben nicht von Extremisten, von Fundamentalisten, von Hetzern aller Couleur deren Vorstellung von Zusammenleben diktieren lassen.

Darüber denke ich hier im Dom zu Münster besonders gerne nach, denn diese Stadt hat ihre bemerkenswerte Menschlichkeit schon häufiger bewiesen. Unvergessen ist für mich, wie sich die Fans von Preußen Münster vor einigen Jahren in einem Drittligaspiel lautstark auf die Seite eines Spielers des gegnerischen Vereins stellten – als dieser von seinen eigenen (!) »Fans« rassistisch beleidigt wurde. Es zählte im Stadion nicht mehr die Vereinszugehörigkeit, nicht Sieg, nicht Niederlage – es zählte, ein Mensch zu sein.

Es zählte, für unsere gemeinsamen Werte hier in Deutschland einzustehen. Das ist Münster – die Stadt des Löwen von Münster: Clemens August Graf von Galen, der 1941 als einer der wenigen Kirchenvertreter hier in seinen Predigten öffentlich die Euthanasiemorde der Nazis kritisierte. Münster steht für einen Geist der Menschlichkeit, der beispielhaft ist.

Was uns verbindet

Das ist nicht mein erster öffentlicher Auftritt in Münster. Auf der Fahrt hierher habe ich an meinen ersten Auftritt hier denken müssen, vor fast 30 Jahren. Damals, in den 1990er-Jahren, spielte ich Theater und tourte mit einem Stück von Birger Sellin durch ganz Deutschland. Auch in Münster waren wir zu Gast. Der Titel des Stücks lautete Ich will kein Inmich mehr sein. Der Autor brachte darin sein Schicksal als Autist auf die Bühne. Es ging darum, wie ein autistischer Mensch mit der Außenwelt kommuniziert. Es ging um Rücksichtnahme, um Inklusion. Darum zu sehen, was uns verbindet, und nicht das, was uns trennt.

Solches Denken ist uns in diesen Zeiten abhandengekommen. Im Jahr 2024 befinden wir uns in einer Welt, in der sich die Fronten nahezu überall verhärten. Vieles, was wir längst überwunden glaubten, ist inzwischen leider wieder trauriger Alltag. Kriege, Kriegsverbrechen, Hass, Gewalt, Aggressionen, das Ausgrenzen und Verächtlichmachen von Menschen, Alltagsrassismus.

Kaum eine westliche Demokratie auf der Welt, in der die Gesellschaft nicht als »tief gespalten« beschrieben wird, in der man nicht vor »unüberwindbaren Gräben« steht, natürlich auch in Deutschland. Wenn bei einer Allensbach-Umfrage 44 Prozent der Befragten angaben, mit ihrer freien Meinungsäußerung vorsichtig zu sein, stimmt etwas Grundlegendes nicht.

Vielleicht ist es allerdings gar nicht die Meinungsfreiheit an sich, die bedroht ist. Vielleicht gelingt es uns nur immer weniger, einen Widerspruch auszuhalten und sich konstruktiv damit auseinanderzusetzen. Die Schriftstellerin Juli Zeh formulierte: »Es gibt ein Diskurs-Klima, das Menschen den Eindruck vermittelt, dass man viel schneller Gefahr läuft, in kontroversen Meinungssituationen mit einer bestimmten Auffassung nicht mehr respektiert zu werden und ausgesondert zu werden.«

Wer anders denkt, der darf nicht mehr dazugehören? Den respektieren wir nicht mehr? Mit unseren Werten – aufgeschrieben im Grundgesetz – hat das nichts zu tun. Aber wir sehen: Immer größere Gruppen stehen einander immer unversöhnlicher gegenüber, finden keinen Konsens mehr. Die Wahlergebnisse in Sachsen, Thüringen und Brandenburg müssen uns als Vertreter der demokratischen Mitte ins Mark treffen – verstehen wir uns doch als »Volksparteien«! Aber offenbar haben wir den Kontakt verloren. Offenbar waren wir zu sicher, die besten Entscheidungen für die Menschen zu treffen – ohne diesen Menschen ausreichend zuzuhören. Und: Wir haben es versäumt, die politischen Gegensätze zwischen den etablierten Parteien sichtbar zu machen.

So macht man es extremistischen Parteien leicht, sich als Stimme des Protests, sich als einzig wahre Vertreter des Volkes zu inszenieren. Sie scheinen jenen die Stimme zu geben, die nicht mehr gehört werden – die sich ausgegrenzt fühlen.

Vom Privileg, in Freiheit zu leben

Mittendrin in diesem gesellschaftlich maximal verschärften Klima haben wir in diesem Frühjahr 2024 75 Jahre Grundgesetz gefeiert. Vielleicht war die Feier etwas zu schwergängig, etwas zu staatstragend – wo doch aus meiner Sicht eine riesige, unbeschwerte Freude über dieses außergewöhnliche Dokument viel angebrachter wäre. Wie gut stünde es uns an, unsere Verfassung wirklich und aus tiefstem Herzen zu feiern.

Das Grundgesetz – das ist das Fundament, auf dem unser Land aufgebaut ist, mit dem dieses Land wieder zu sich gefunden hat, nach Jahren der Barbarei und dem Entfesseln eines furchtbaren Weltkriegs. Das Fundament, das dieses Land – trotz allem – zusammenhalten kann, weil es auch die Leitplanken bietet, die ein Leben in Demokratie, Frieden und Wohlstand überhaupt erst möglich machen können. Gerade in Zeiten, in denen unklar ist, wohin die Staatsform Demokratie steuert, tun wir gut daran, das nicht zu vergessen. Was für uns in Europa mit Freiheit und Frieden nun schon seit vielen Jahrzehnten selbstverständlich ist, gilt in vielen Teilen der Welt weiterhin als ferne Utopie.

Im Jahr 2024 zeichnet sich sogar ein alarmierendes Bild für die Demokratie weltweit ab. Zahlreiche Länder erleben gegenwärtig einen Rückgang bei Schlüsselindikatoren demokratischer Leistung. Nach dem *Demokratieindex der Economist Intelligence Unit* leben aktuell nur acht Prozent der Weltbevölkerung in einer voll funktionsfähigen Demokratie. 37 Prozent der Weltbevölkerung wiederum erfahren ihr Land als sogenannte fehlerhafte Demokratie – während 55 Prozent der Weltbevölkerung gar nicht in demokratischen Systemen leben.

Das heißt auch: Unser auf dem Gebot der Achtung der Menschenwürde fußendes Leben in einer freiheitlichen Demokratie, in einem gesicherten Rechtsstaat ist, global gesehen, absolut keine Selbstverständlichkeit, sogar eher die Ausnahme. Dennoch sind wir uns dieser privilegierten Stellung nicht immer bewusst. Oder noch dramatischer: Wir riskieren dieses wertvolle Gut sehenden Auges. Das dürfen wir nicht zulassen. Denn wir sind nur dann in der Lage, die Gesellschaft positiv zu gestalten, wenn wir uns in der Verteidigung der Demokratie einig sind und uns auf die wirklich wichtigen Werte besinnen, wie sie in unserem Grundgesetz verankert sind.

Als gläubiger Mensch hat mich in dem Zusammenhang der Soziologe Hartmut Rosa beeindruckt. Religionen geben Orientierung und fordern, so Rosa, die »aktive Auseinandersetzung mit ethischen und moralischen Werten, die sowohl in religiösen Traditionen als auch in demokratischen Idealen verwurzelt sind«. Das ergibt auch durchaus Sinn: Denn religiöse Gemeinschaften schaffen soziale Bindungen – vergleichbar den sozialen Bindungen, die auch für das Funktionieren einer Demokratie entscheidend sind.

Man kann es auch so sagen: Der Glaube kann Menschen zusammenführen. Gerade in Zeiten der Säkularisierung und der Vereinzelung hat der Glaube die Kraft, das Miteinander, die Solidarität, die Gemeinschaft als Ganzes zu fördern und damit das Fundament für Demokratie zu bilden. Bei aller Gefahr, die durch religiösen Extremismus und Intoleranz entstehen können, muss der Respekt vor der gesellschaftsbildenden Kraft der Religion deshalb für uns alle bedeutsam sein – und die Toleranz anderen Glaubensinhalten gegenüber. Deshalb formuliert unser Grundgesetz in Artikel 4 auch unmissverständlich: »Die Freiheit des Glaubens, des Gewissens und die Freiheit des religiösen und weltanschaulichen Bekenntnisses sind unverletzlich. Die ungestörte Religionsausübung wird gewährleistet.«

Doch vielleicht neigen wir in Deutschland zu sehr dazu, uns Schreckensszenarien auszumalen, in »Worst-Case-Szenarien« zu denken und die Zukunft als etwas zu sehen, das nur Risiken und Katastrophen bereithält. Mir scheint: Diese Neigung steht uns leider auch jetzt im Weg, wenn es gilt, den Wandel der Gesellschaft voranzutreiben – und Themen wie Migration nicht mit Befürchtungen und guten Worten, sondern mit realistischen Vorgaben anzugehen. Denn wie der ehemalige Bundespräsident Joachim Gauck gesagt hat: »Wir wollen helfen. Unser

Herz ist weit. Doch unsere Möglichkeiten sind endlich.« Das Zitat stammt aus dem Jahr 2015, als viele Kriegsflüchtlinge aus Syrien in unser Land kamen. Man hätte wohl schon damals auf ihn hören sollen. Denn ganz offensichtlich wurden die negativen Folgen der »bedingungslosen Willkommenspolitik«, wie das der Publizist Christoph Schwennicke nennt, unterschätzt.

Nun erleben wir eine Politik, die zwar eine menschliche Seite zeigt und zeigen muss, die es aber andererseits nicht schafft, mit gebotener Härte Menschen auszuweisen, die sich nicht nur nicht mit unseren Grundwerten identifizieren, sondern terroristische Gewalttaten verüben. Klar ist, dass unser Land einen Schutzraum für diejenigen bieten muss, die auf der Flucht vor Krieg und Verfolgung sind. Aber in erster Linie muss das Land auch ein Schutzraum für die hier lebenden Menschen sein. Das ist keine populistische Forderung. Das ist eine Selbstverständlichkeit.

Wichtig ist, Menschen in ihrer Angst nicht allein zu lassen. Wichtig ist aber auch, Menschen nicht zu verängstigen. Wichtig sind Worte der Ermutigung und der Gemeinsamkeit. Die richtigen Worte stehen im Grundgesetz, diesem großartigen Fundament, auf das sich Deutschland geeinigt hat. Das ist das Deutschland, das ich liebe und dem ich mich gerne als Kultursenator verpflichte. Deutschland ist das beste Land für mich.

Ich absolvierte hier eine Lehre, studierte, stand auf Bühnen, machte Musik, »organisierte« Musik, begann vor wenigen Jahren, mich noch mehr für dieses Land zu engagieren, und fand bei den Christdemokraten meine politische Heimat. In einer Partei, deren damalige Vorsitzende sich von der Humanität und ihrem christlichen Glauben leiten ließ und in der es einen klaren moralischen Kompass gibt, wollte ich mich als Bürger und als Christ engagieren. Dass ich wenige Jahre später für den Bundestag kandidieren sollte, seit 2022 im Bundesvorstand der CDU sitze und im Frühjahr 2023 zum Senator in Berlin ernannt wurde, war nicht abzusehen – aber es zeigt eben auch, was in diesem Land alles möglich ist, dass sich Initiative und Engagement immer lohnen, der Austausch und das Ringen um Kompromiss immer richtige Entscheidungen sind. Für mich habe ich gelernt, dass wir nicht verzagen sollten – gerade auch, wenn die Feinde der Demokratie ihre Attacken fahren. Denn es ist aus meiner Sicht Aufgabe von Politik, Verantwortung zu übernehmen – und sich bedingungslos für die Verteidigung von Demokratie und Freiheit einzusetzen.

Antisemitismus bekämpfen

Ich denke hier an den 7. Oktober 2023. Seit der brutalen Attacke der Hamas auf Israel erleben wir in Berlin und ganz Deutschland einen offen auftretenden Antisemitismus und verstärkt Angriffe gegen jüdische Mitbürger. Beidem müssen wir uns mit ganzer Härte entgegenstellen. Dass sich jüdische Menschen hier nicht mehr sicher fühlen, das dürfen wir in unserem Land nicht mehr zulassen.

Als Senator für Kultur und gesellschaftlichen Zusammenhalt habe ich Anfang des Jahres ein Zeichen gesetzt, um dem Antisemitismus im Kulturbetrieb einen Riegel vorzuschieben – und habe angeregt, eine Antisemitismusklausel in Förderanträgen zu verankern. Denn noch immer erleben wir gerade in der Kulturszene einen nicht tolerierbaren antiisraelischen Aktivismus, einen offenen Antisemitismus, den mit Steuergeldern zu unterstützen ich für rassistisch, damit antidemokratisch sowie für moralisch verwerflich halte.

Henrik Gass, der bisherige Leiter der Kurzfilmtage in Oberhausen, hatte in einem Facebook-Post zur Solidarität mit den Opfern des Terrorangriffs der Hamas vom 7. Oktober aufgerufen. Daraufhin wurde er bedroht, als »Faschist« beschimpft, sah seine Veranstaltung durch mögliche Angriffe gefährdet und erfuhr deutlich mehr Kritik als Zustimmung. Viele Filmemacher und Verleihe sagten danach ihre Teilnahme in Oberhausen ab. Schließlich sah Gass keinen anderen Weg, als im Sommer seinen Abschied von den Kurzfilmtagen zu verkünden. In einem Interview mit der Welt sagte er: »An uns sollte offenbar exemplarisch demonstriert werden, wie hoch der Preis für eine Sympathiekundgebung gegenüber Israel sein kann. Im Kern sind solche Kampagnen ein soziales System von Belohnung und Bestrafung (…) Das nenne ich Konformitätsdruck. Abweichende Meinungen werden nicht toleriert.«

Womit wir wieder bei den demokratischen Grundwerten sind und der Frage, wie tolerant wir gegenüber den Intoleranten sein müssen. Absolut unterstreichen kann ich das Fazit von Gass, wonach »keine Förderverpflichtung gegenüber Propaganda unter dem Schutz der Kunstfreiheit« besteht. Genau das war auch Ziel der für unsere Berliner Fördermittel gedachten Klausel, dass mit Steuermitteln keine antisemitische Propaganda gefördert wird. Aber es gab verfassungsrechtliche Bedenken. Als demokratisches Organ folgt der Berliner Senat den Regeln der Rechtstaatlichkeit. Berechtigte Zweifel an der rechtlichen Wirksamkeit einer solchen Klausel sollten möglichen Zweifeln an unserer Rechtsstaatlichkeit keinen Vorschub geben können. Aber es bleibt beim richtigen Ziel, Antisemitismus und Diskriminierung nicht auch noch mit Steuergeldern zu fördern, unser Vorschlag geht zur rechtlichen Überarbeitung »zurück in die Werkstatt«, denn wenn es wichtig ist, muss es gut werden.

»Zurück in die Werkstatt« – das ist im Übrigen etwas, das sich nicht wenige Menschen in diesem Land auch von der amtierenden Bundesregierung wünschen. Ich glaube, sehr viele hätten großes Verständnis, wenn die Politik die Größe hätte, in einem neuen Anlauf eine Sache besser zu machen. Auch würde das sicherlich dazu beitragen, verhärtete Fronten aufzulösen. Aus meiner Sicht ist solche Einsichtsfähigkeit eine unabdingbare Voraussetzung, um die Demokratie als Staatsform zu verteidigen.

Demokratie sei ein offener Prozess – »weil sich die Einstellungen in der Gesellschaft und die politischen Mehrheiten ändern«. Das hat der von mir sehr geschätzte Wolfgang Schäuble einmal gesagt. Für ihn war klar: »Eine einmal getroffene Entscheidung muss nicht für alle Ewigkeit gelten. Die Minderheit von gestern kann morgen die Mehrheit sein.« Niemand sei im Besitz einer absoluten Wahrheit in politischen Angelegenheiten – es sei ein ständiges Ringen, ein ständiges Neuverhandeln.

Künstliche Intelligenz – lebensverändernd

Also müssen wir dem Neuen gegenüber offen bleiben. Anders meistern wir eine Zeitenwende nicht. Denn mitten in den geopolitischen Stürmen, den permanenten Krisen erleben wir derzeit, wie mit der künstlichen Intelligenz eine technologische Revolution über uns hereinbricht, deren Folgen wir überhaupt noch nicht absehen. Es handelt sich um eine disruptive Technologie, und sie bringt uns eine Zeitenwende mit noch unabschätzbaren Folgen.

Dieser Diskussion müssen wir uns schnell und intensiv stellen. Denn sicher ist jedenfalls, dass diese technologische Revolution erhebliche Auswirkungen auf unsere Demokratie und Gesellschaft haben wird. Doch statt breit geführter Debatten erleben wir derzeit wieder die für das aktuelle Deutschland leider typische Apathie. Viele geben sich der Illusion hin, das mit der KI werde irgendwie von alleine vorbeigehen oder sich schon irgendwie regeln.

Tatsächlich aber ändern sich gerade die Spielregeln für uns alle. Mit dem Zugang zur Sprache habe die KI das »Betriebssystem der Menschheit« gehackt, meint der israelische Historiker Yuval Noah Harari. Denn Sprache sei, so Harari, das Fundament der menschlichen Kultur, des Dialogs und des politischen Diskurses. Geben wir Menschen dieses Fundament gerade aus der Hand? Denn plötzlich wird klar, dass die Fähigkeit von KI-Systemen, überzeugende Narrative und Diskurse zu schaffen, das enorme Risiko birgt, nicht nur die öffentliche Meinung zu beeinflussen, sondern auch die Art und Weise, wie Politik verstanden und betrieben wird.

Wir erleben heute schon, wie mit Deep Fakes oder auch Robocalls, also KI-generierten Audio Deep Fakes, Politik massiv beeinflusst werden kann, ja bereits beeinflusst wird. Die Robocalls sind da nur ein Beispiel: Wer eine x-beliebige Stimme klonen möchte, benötigt heute nur ein simples Onlinetool und ein paar Sekunden Tonaufnahmen einer Person. Sie können dann kaum mehr unterscheiden, ob eine echte Person sie anruft – oder deren KI-generierter Stimmklon.

Nicht mehr zu wissen, ob wir mit einem echten Menschen sprechen oder nicht – darin liegt eine erhebliche Gefahr. Wenn vom Bundeskanzler im Netz das Video einer Fake-Weihnachtsansprache kursiert, mag das amüsant sein. Aber mit zunehmender Verfeinerung der Technologien können die KI-basierten Bild- und Tonfälschungen auch bei Betrug, Erpressungen oder

Bedrohungen verwendet werden. Und es braucht nur wenig Fantasie, um zu erkennen, welche Folgen diese Technologie in den Händen von Extremisten und Terroristen haben kann.

Nicht zuletzt begleiten uns ja Phänomene wie Microtargeting schon einige Zeit. Microtargeting bedeutet, dass mit KI große Datenmengen analysiert werden, um individuelle Wählerprofile zu erstellen und gezielte Botschaften zu senden, die auf die spezifischen Überzeugungen oder Ängste der Wähler abzielen. So wird heute Politik gemacht. So werden Gesellschaften manipuliert. Nach allem ist klar, dass KI eine der Schlüsseltechnologien der Menschheitsgeschichte werden wird.

Im Frühjahr 2024 hatten wir in Berlin eine KI-Konferenz initiiert, bei der die ethischen, juristischen, wirtschaftlichen, aber auch die künstlerischen und vor allem die technisch machbaren Dimensionen ausgelotet wurden – und die Erkenntnisse waren für mich erschreckend, aber auch absolut erhellend, weil völlig klar wurde, dass uns die bisherige Mischung aus Furcht und Desinteresse nicht weiterhilft, sondern wir sofort den Blick auf die Möglichkeiten richten müssen. Es ist notwendig, umgehend das enorme Potenzial zu erarbeiten, das die Nutzung der künstlichen Intelligenz zum Wohl der Gesellschaft bieten kann.

Denn die KI kann Demokratie nicht nur bedrohen, sondern sie auch verbessern, sie stabiler und handlungsfähiger machen. So ließen sich beispielsweise mit dem Einsatz von KI-gestützten Plattformen Bürger direkt in Entscheidungsprozesse einbinden, um die Möglichkeiten der Demokratie in Deutschland auszudifferenzieren. KI kann so helfen, den Graben zwischen Bürgern und Politik zuzuschütten. Deshalb sollten wir jetzt damit anfangen, KI überhaupt zu verstehen, mit all ihren ethischen, sozialen und politischen Dimensionen. Das ist ein notwendiges Lernen. Denn wenn wir nicht bereit sind, zu lernen und zu verstehen, werden andere mit den neuen Technologien unsere demokratischen Werte angreifen. Das ist keine Dystopie – das erleben wir bereits.

Demokratische Grundsanierung

Ich rate also zu einem positiven Umgang mit Veränderungen. Dass wir negativ auf vieles blicken können – das haben wir oft genug bewiesen. Jetzt ist die Zeit, die Zukunft optimistisch und proaktiv zu gestalten. Die Demokratie ist fragil. Sie muss immer wieder neu erkämpft werden. Und es gibt genug Feinde der Demokratie – Islamisten, Terroristen, Populisten, Rechts- wie Linksextremisten –, die gerade auch einer Partizipation oder so etwas wie Freiheit nichts abgewinnen wollen. Das müssen wir nicht hinnehmen.

Vielleicht sollten wir auch nicht von »Zeitenwende« reden, dieser Begriff überdeckt zu viel. Ich halte den Begriff der »Erneuerung« für passender. Denn viel mehr als eine Zeitenwende brauchen wir eine Zeit der Erneuerung, eine Art demokratische Grundsanierung. Eine Zeit der Besinnung auf das, was eine Demokratie – und auf das, was uns als Menschen ausmacht. Denn Demokratie heißt: Andere Meinungen haben ihren Platz – auch wenn sie meiner eigenen widersprechen. Und am Ende zählt, was die Mehrheit entscheidet. Das mag einem nicht immer gefallen, das kann schmerzen, kann einen wütend machen. Aber eine Mehrheitsmeinung gilt es anzuerkennen.

Und wenn das Störgefühle hervorruft, sollten wir uns nicht beklagen, dass die anderen alle falschliegen, sondern müssen eben andere, überzeugendere, menschlichere Politik machen und dafür nötigenfalls auch Kompromisse eingehen. Denn ohne Kompromisse wird es keine Mehrheiten geben. Dazu muss ich auf den anderen zugehen, ihn verstehen, ihn integrieren. Darin zeigt sich wahre politische Verantwortung. Überzeugte Demokratinnen und Demokraten arbeiten an sich. Sie tragen die Bereitschaft zu Erneuerung in sich. Wenn es dazu technologische Möglichkeiten gibt, wenn die KI uns dabei tatsächlich hilft – gerne. Aber entscheidend ist immer noch der menschliche Faktor: die Haltung, im anderen nicht den Feind zu sehen, sondern den Menschen.

Etwas scheint mir zum Abschluss noch bedeutsam: Die bestmögliche Gesellschaft ist eine Gesellschaft, in der jede und jeder seinen Weg gehen kann. Was mich zum »Irischen Segen« von 1692 bringt, dessen Worte mich seit Langem begleiten. Ich will ihn abschließend zitieren. Er lautet:

»Geh deinen Weg.

Geh deinen Weg ruhig – mitten in Lärm und Hast, und wisse, welchen Frieden die Stille schenken mag.

Steh mit allen auf gutem Fuße, wenn es geht, aber gib dich selber nicht auf dabei.

Sage deine Wahrheit immer ruhig und klar, und hör die anderen auch an, selbst die Unwissenden, Dummen – sie haben auch ihre Geschichte.

Laute und zänkische Menschen meide. Sie sind eine Plage für dein Gemüt.

Wenn du dich selbst mit anderen vergleichen willst, wisse, dass Eitelkeit und Bitterkeit dich erwarten. Denn es wird immer größere und geringere Menschen geben als dich.

Freu dich an deinen Erfolgen und Plänen. Strebe wohl danach weiterzukommen, doch bleibe bescheiden. Das ist ein guter Besitz im wechselnden Glück des Lebens ...«

Gabriel Felbermayr

Eine neue Vision für Europa

Als Wissenschaftler versucht man, zu dem Untersuchungsgegenstand, den man vor sich hat, Distanz zu wahren mit dem Ziel größtmöglicher Objektivität. Wenn ich allerdings zu Europa arbeite, dann fällt es mir schwer, Distanz zu halten und neutral zu sein. Ganz im Gegenteil: Ich bin befangen, und vielleicht geht es vielen Bürgern so. Denn wenn wir über Europa reden, dann reden wir ja nicht über irgendetwas. Europa ist nicht nur die geografische Bezeichnung des Raumes, in dem wir leben. Europa, das ist für uns alle auch Heimat.

Ich habe selbst viele Jahre meines Lebens außerhalb meiner österreichischen Heimat gelebt. Ich habe 16 Jahre in Deutschland arbeiten dürfen, zuletzt in Kiel, vorher in München, davor noch in Tübingen. Meine Promotion habe ich in Florenz am Europäischen Hochschulinstitut abgeschlossen, dort lebte ich vier Jahre. Später arbeitete ich in Zürich, das ist nicht die Europäische Union, aber gleichwohl zentral in Europa. Meine Frau kommt aus Paris.

Ich bin also befangen. Für mich persönlich ist der Erfolg Europas ein Herzensanliegen, für mein persönliches Wohlergehen, für das Wohlergehen meiner Familie, meiner Kinder. Aber es ist auch klar, dass ohne ein Europa, das funktioniert, das auch ökonomisch funktioniert, wir nicht einlösen können, was wir uns von Europa versprechen, nämlich Friede, Sicherheit, Stabilität. Wir brauchen ein ökonomisches Fundament, das Wohlstand erzeugt, und erst dieses Fundament lässt auch die vielen anderen positiven Wünsche, die wir in Europa haben, realistisch werden.

Europaskeptizismus

Leider ist die Skepsis gegenüber Europa in vielen Ländern stark ausgeprägt. Alle sechs Monate gibt es eine große Umfrage in Europa, in all den 27 Mitgliedstaaten, das sogenannte Eurobarometer. Da werden die Bürgerinnen und Bürger gefragt, was sie gerade von Europa halten. In der letzten Umfrage sehen wir, dass in Deutschland 44 Prozent der befragten Personen eine sehr positive oder eine positive Meinung von Europa haben. Offensichtlich haben 56 Prozent entweder keine Meinung, sind neutral, unentschieden, oder sie sind negativ eingestellt. Und die deutsche Meinung passt ungefähr zum europäischen Durchschnitt. Es gibt nur zehn aus den 27 Ländern, wo die Bürgerinnen und Bürger mehrheitlich die Europäische Union als sehr gut oder gut bewerten. Das macht mich einigermaßen besorgt. Vor allem auch deswegen, weil wir viele der großen Themen, die vor uns liegen, nur gemeinsam in Europa lösen können.

Das verweist auf die Notwendigkeit eines gemeinsamen europäischen Handelns. Die Realität ist freilich, dass wir auf politischer Ebene doch sehr häufig nationalistisch und nicht europäisch handeln und dass in Deutschland offensichtlich eine Mehrheit der Menschen entweder unentschieden ist oder eine negative Meinung von Europa hat. Und ein bisschen geht es mir persönlich wie Heinrich Heine, der vor 200 Jahren in seinem Pariser Exil aufschrieb: »Denk ich an Deutschland in der Nacht, bin ich um den Schlaf gebracht. Ich kann nicht mehr die Augen schließen, und meine heißen Tränen fließen.«

Wenn ich an Europa in der Nacht denke, dann verliere auch ich meinen Schlaf. Warum? Weil wir sehen, was alles passieren müsste, gleichzeitig aber beobachten, dass wir nicht vorankommen mit diesem Europa. Es gab Anfang September 2024 den Bericht von Mario Draghi und zuvor einen Bericht von Enrico Letta, auch den von Mario Monti – alle zur Lage und zu den Handlungserfordernissen der Europäischen Union. Diese Berichte haben eines gemeinsam, nämlich dass es ganz offensichtlich zu sein scheint, dass wir Europa brauchen, um in Deutschland und in allen anderen europäischen Ländern weiter ein stabiles Fundament zu sichern. Wir müssen aber feststellen: Die Dinge sind ins Rutschen geraten, die europäische Einigung stockt, die Herausforderungen, die vor uns stehen, sind zugleich größer als je zuvor. Und mit dieser Dichotomie – einerseits die Notwendigkeit eines kraftvollen, starken, geeinten Europas und andererseits die Realität – kann ich nicht gut schlafen.

Ich möchte hier vier Themen besprechen. Zum einen möchte ich die Frage stellen: Wo steht Europa wirtschaftlich eigentlich wirklich? Wie viele Probleme haben wir? Oder wie viel Stärke haben wir übrig? Dann möchte ich die Frage stellen, was macht Europa eigentlich, und was sollte es vielleicht machen? Die genannten Berichte gehen genau dieser Frage nach. Was sollen wir tun angesichts der Herausforderungen, vor denen wir stehen? Und dann will ich über Forschungsergebnisse berichten, die ich als Ökonom mitbetrieben habe, die die Frage stellen:

Was bringt uns die Europäische Union eigentlich ökonomisch? Was kostet sie uns? Aber was ist ihr Nutzen oder der Nettonutzen? Und schließlich dann die Frage: Was sind die dringendsten Reformen, die angegangen werden müssen?

Die wirtschaftliche Bedeutung

Es ist klar, wenn wir uns Europa ansehen, ganz nüchtern und objektiv in Zahlen gegossen, dann sehen wir einen Kontinent, der seinen Zenit überschritten hat, der an wirtschaftlicher Bedeutung einbüßt. Im Jahr 2028, das sind die Prognosen des Internationalen Währungsfonds, wird Europa immerhin noch zwischen 15 und 17 Prozent der globalen Wertschöpfung erzeugen. Aber die USA haben dann 25 Prozent, und China wird dann zumindest auf Augenhöhe mit Europa sein, wenn nicht vor uns. Wir haben also die Poleposition verloren, die wir in den 1990er-Jahren noch hatten.

Wenn wir die europäischen Volkswirtschaften zusammen sehen, dann mag zwar stimmen, dass wir die Poleposition verloren haben. Aber noch sind wir auf Augenhöhe mit den großen Volkswirtschaften China und USA. Nur wenn man Deutschland, Frankreich, Italien, Spanien oder dann gar die kleinen Mitgliedstaaten wie Österreich separat betrachtet, könnte man schier verzweifeln. Vielleicht haben Sie das Bild von Bundeskanzler Scholz im Kopf, als er im späten Frühjahr 2024 in Peking war. Da gab es Fotos von diesem Besuch in der Presse. Ein zwei Meter großer chinesischer Präsident Xi Jinping, stark und mächtig. Der deutsche Bundeskanzler, sehr viel kleiner, steht vor ihm, die Hände irgendwie so zu einer bittenden Geste zusammengeführt, und er sieht nicht gut aus auf diesem Bild neben dem großen Chinesen, der kleine Deutsche.

Meine Behauptung ist, dass das Problem darin bestand, dass er mit einem deutschen Mandat nach Peking gefahren ist und nicht mit einem europäischen. Deutschland allein ist in China klein. Die Europäische Union mag nicht die Nummer 1 sein gegenüber China, aber sie ist gegenüber China auf Augenhöhe. Das betrifft die wirtschaftliche Potenz, das betrifft unseren Einfluss in der Welt immer noch, das betrifft nicht die Bevölkerung, denn die chinesische Volksrepublik hat ungefähr dreimal so viele Einwohner wie die Europäische Union. Und wenn wir an die großen dringenden Fragen denken, die wir gemeinsam mit den Chinesen lösen müssen (und die allerwichtigste ist die Klimakrise), dann sehen wir enorme Unterschiede in der Größe. China ist für 31 Prozent der globalen Emissionen verantwortlich, die Europäische Union insgesamt gerade mal für sieben Prozent und Deutschland für zwei Prozent.

Also: Auch das größte Land der Europäischen Union ist, international gesehen, ein kleiner Spieler. Man muss nicht rechnen können oder Volkswirt sein oder Bücher schreiben, um zu verstehen, dass eine gemeinsame Sprachregelung, eine gemeinsame Politik, ein gemeinsames Auftreten zentrale Voraussetzungen dafür sind, dass wir in einer Welt, die sich rapide verändert und neu organisiert, gemeinsam bestehen können.

Aber es wäre auch falsch, so zu tun, als wäre die Europäische Union sozusagen im freien Fall. Auch das geben die Zahlen nicht her. Der Bericht von Mario Draghi sagt, Europa habe gegenüber den USA verloren. Das stimmt. Aber es ist kein freier Fall. Wir haben aktuell ungefähr 70 Prozent der durchschnittlichen Wirtschaftsleistung, die ein Amerikaner hat, das Pro-Kopf-Einkommen in Europa, in Kaufkraftparitäten gerechnet, liegt also bei 70 Prozent des amerikanischen Niveaus. Und ja, wenn man Deutschland oder andere wohlhabende europäische Länder betrachtet, dann ist dieser Abstand zu den USA größer geworden.

Wir können aber auch nach Polen blicken oder nach Rumänien oder nach Ungarn, und da sehen wir große Erfolgsgeschichten. Diese Länder haben den Abstand zu den USA massiv verringern können. Europa ist keine Geschichte des Misserfolgs, und es ist auch keine Volkswirtschaft im freien Fall. Manchmal habe ich den Eindruck, dass sich Europa in diesen Berichten, von denen ich vorher schon gesprochen habe, und in vielen anderen Debatten kleiner und schwächer macht, als es eigentlich ist.

Mehr Gemeinschaftsgüter schaffen

Gemeinsam sind wir viel stärker als die Summe der Einzelteile. Nun stellt sich aber die Frage: Was sollen wir denn gemeinsam machen? Was sind die Themen, die man europäisch ausfüllen muss? Dazu gibt es Tausende Bücher, Bibliotheken voller Literatur. Ich bin sicher nicht der Erste, der darüber nachdenkt. Dennoch muss man feststellen, dass das, was die Wissenschaft, Staatswissenschaften, Juristen, Ökonomen, Politologen einhellig für richtig halten in Europa, nur in Teilen umgesetzt ist.

Wir würden uns wünschen, dass Europa jene Themen und Bereiche aufgreift, bei denen ein gemeinsames Handeln zu einem Mehrwert führt. Als Ökonom würde ich sagen: Es sind europäische Gemeinschaftsgüter, die im Vordergrund stehen müssen. Das sind Güter mit klarer, unionsweiter Nützlichkeit. Güter, deren nationale Erstellung nicht sinnvoll ist. Beispiele wären eine transeuropäische Infrastruktur, allen voran das Schienennetz. Wer von Peking nach Shanghai fährt, überwindet eine größere Distanz als die zwischen Wien und Münster – allerdings in einem Viertel der Zeit. Die technischen Möglichkeiten wären auch bei uns vorhanden. Nur ist klar, dass ein solches Projekt zu groß ist, um von einem einzelnen Mitgliedstaat gestemmt zu werden.

Fokus auf europäische Gemeinschaftsgüter heißt eben, dort zu investieren, dort Politik zu machen, wo eine unionsweite Nützlichkeit entsteht. Das haben wir nicht nur bei der Schiene, das haben wir auch (und ganz besonders wichtig in diesen Jahren) im Bereich der Stromnetze. Es wird von Energieunion gesprochen, aber die Energieunion kann nicht nur eine Sammlung von Rechtsakten sein, von Regulierung, von Vorschriften. Eine Energieunion braucht auch Hardware, sie braucht auch die entsprechende Infrastruktur, braucht Stromnetze, braucht gemeinsame Unternehmen. Das Gleiche gilt für das grüne Gas, mit dem wir die Schwerindustrie in Zukunft betreiben wollen, oder – auch wichtig! – für die Datennetze. Also eine gemeinsame Anstrengung, um all diese Lücken zu schließen – das wäre etwas im Bereich europäischer Gemeinschaftsgüter.

Interessanterweise wünschen sich das auch die Europäerinnen und Europäer. Die vorher zitierte Eurobarometer-Umfrage macht das auch ganz klar. Die Europäerinnen und Europäer wünschen sich solche Dinge, die sie möglichst verstehen und deren Nützlichkeit sie durch Benutzung erfahren können. Und wenn sich Europa stärker auf diesen Mehrwert durch die entscheidenden Gemeinschaftsgüter konzentrieren würde, würde es automatisch das viel beschworene Subsidiaritätsprinzip einhalten. Subsidiarität bedeutet, dass nur solche Themen nach oben in höhere politische Sphären gehoben werden, die dort wirklichen Mehrwert erzeugen. Würden wir uns stärker an dieses Prinzip halten, wäre die Zustimmung zu Europa viel höher. Die Infrastruktur ist ein Beispiel dafür, aber nicht das einzige.

Ein klassisches Gemeinschaftsgut wäre auch der Schutz der gemeinsamen Außengrenze. Das ist ein Thema, das gerade in Deutschland zu großer Bedeutung gekommen ist. Wenn Deutschland jetzt seine Grenzen gegenüber den anderen europäischen Ländern stärker kontrolliert, dort neue Barrieren aufbaut, dann deswegen, weil die europäischen Außengrenzen in den Augen der deutschen Politikerinnen und Politiker und in den Augen der Öffentlichkeit nicht hinreichend sicher erscheinen. An dieser Diagnose ist ja etwas dran. Man fragt sich, warum es so weit kommen musste, warum der Schutz der gemeinsamen Außengrenzen nicht von Anfang an ein zentrales Element der Schengen-Zone war. Auf dem Papier mag das so sein, aber die Praxis funktioniert ja nicht.

Im Draghi-Report wird auch viel geschrieben darüber, dass Europa seinen technischen Anschluss verliert. Wie bewahrt man sich Innovationskraft? Dazu gehören natürlich Forschung und Entwicklung. Die Europäer haben tolle Universitäten, aber wir vernetzen uns nicht gut genug, und die Forschungsorganisation in Europa ist in 27 nationale Fragmente zerteilt – in Deutschland aufgrund der Zuständigkeit der Bundesländer für die Universitäten noch in 16 kleine Parzellen darunter. Die Forschungsförderung in den USA wird von Washington aus gesteuert. In Europa wird sie von den einzelnen Mitgliedstaaten verwaltet. Emmanuel Macron hat mehrmals argumentiert, dass es europäische Spitzenuniversitäten brauche oder zumindest Allianzen europäischer Universitäten, die internationale Sichtbarkeit erzeugen. Das wäre auch so ein europäisches Gemeinschaftsgut.

Ich könnte die Liste verlängern. Meine Bitte an die europäische Politik wäre, sich diese Mehrwertproduktion stärker zur Brust zu nehmen. Das brauchen wir. Nicht nur, weil dieser Mehrwert erlebbar sein muss, sondern weil er uns am Ende auch hilft, mit den Ressourcen, die wir haben, besser umzugehen. Wenn die Infrastruktur gemeinschaftlich geplant wird, zum Beispiel die Strominfrastruktur, dann kann man mit denselben eingesetzten Mitteln einen höheren ökonomischen Nutzen erzielen. Dazu gibt es mittlerweile eine ganze Reihe von Studien. Die Tatsache, dass Strom nicht ohne Weiteres von Norwegen nach Sizilien transportiert werden kann, weil die Infrastruktur fehlt, macht uns alle ärmer. Wenn diese Märkte funktionieren sollen, dann brauchen sie diesen Backbone, diese Infrastruktur. Das bedeutet, dass mit demselben Mitteleinsatz mehr Nutzen, mehr Wirtschaftskraft zustande kommen könnte.

Die EU braucht ein eigenes Budget

Wenn wir mehr europäisch investieren, weil diese Infrastrukturprojekte europäisch organisiert werden, dann braucht es auf europäischer Ebene auch ein größeres Budget. Das ist keine kleine Forderung und in Deutschland, in Österreich, in den Niederlanden, in Finnland, in vielen Mittelstaaten der Europäischen Union sehr umstritten. Die Wissenschaft allerdings ist sich relativ klar, dass ein größeres Budget auf europäischer Ebene viele Vorteile hätte. Nicht nur, dass man große Projekte, die gemeinschaftlich organisiert werden müssen, auch gemeinschaftlich finanzieren muss, denn wer das Geld hat, hat das Sagen. Vielmehr würde ein größeres europäisches Budget auch dazu führen, dass die Europäische Union makroökonomisch stabiler wäre. Und es würde dazu führen, dass regionale Unterschiede nicht mehr durch Kohäsionspolitik bekämpft werden müssen, sondern durch den Einsatz solcher öffentlichen Güter. Es ist ja durchaus ein glücklicher Zufall, dass die europäischen Außengrenzen in eben den peripheren Regionen gesichert werden müssen, die mit der europäischen Kohäsionspolitik unterstützt werden.

Das heißt, man bräuchte wahrscheinlich gar nicht mehr Geld extra, sondern der Fokus auf die Sicherung der Außengrenze oder auf andere Gemeinschaftsgüter, von denen ich gesprochen habe, würde auch regionalpolitischen Nutzen aufweisen. Wahrscheinlich wäre ein solcher Fokus auf Gemeinschaftsgüter ein besseres Instrument für den regionalen Zusammenhalt der Europäischen Union als die Kohäsionsprojekte, die wir heute haben.

Wie viel Geld gibt die Europäische Union aus für solche gemeinschaftlichen, grenzüberschreitenden Projekte? Das kann man aus dem Budget der Europäischen Union ablesen. Da gibt es beispielsweise einen Titel mit dem Namen »Connecting Europe Facility«. Das sind die Mittel, die bereitstehen, um Straßenprojekte, Schienenprojekte, Datenleitungen, Strom, Trassen, Gasleitungen in Europa auszubauen, und zwar an den Stellen, wo sie aktuell Lücken aufweisen – und das sind immer die europäischen Grenzregionen. Wie viel Geld wird dafür bereitgestellt? Im Jahr 2022 waren das nur 0,02 Prozent des europäischen Bruttoinlandsproduktes (BIP). Für das Grenzmanagement, Migration, die Sicherung der Außengrenzen wurden ebenfalls 0,02 Prozent des europäischen BIP ausgegeben, für das Erasmus-Programm auch ungefähr 0,02 Prozent. 40 Prozent des europäischen Budgets aber gehen in die Unterstützung der Landwirtschaft. Ich komme selber aus einer ländlichen Region, ich halte es für wichtig und richtig, dass die Landwirtschaft unterstützt wird. Ich halte es allerdings für grundfalsch, dass das über Brüssel gemacht wird. Dafür gibt es eigentlich keinen guten Grund.

Das einzige Feld, auf dem EU-Mittel in größerem Umfang auch Mehrwert garantieren, das ist der Bereich der gemeinsamen Forschungspolitik, die sogenannte Horizon-Europe-Förderungslinie. Mit diesem Geld werden europäische Forschungsprojekte finanziert. Aber selbst dieses Geld macht nur 0,1 Prozent des europäischen BIP aus. Wir haben Forschungsquoten in unseren Volkswirtschaften in der Größenordnung von 2 bis 4 Prozent, aber nur 0,1 Prozent des BIP läuft über Europa.

Für mich sind das Missstände, die man adressieren muss. Und das nicht aus einem Europafetischismus heraus, sondern weil das Funktionieren des europäischen Binnenmarktes und die Sicherung eines europäischen gemeinsamen Wohlstandsraumes für uns alle nützlich ist, sich für uns alle rechnet. Und darum ist der Titel meines Buches aus dem Frühjahr 2024 *Europa muss sich rechnen*. Wenn es sich rechnet, dann ergeben sich viele weitere Dinge von selbst. Zum Beispiel die Sicherung eines friedlichen Zusammenseins. Ein Europa, das sich für ein Land nicht rechnet, ist für dieses Land kein gutes Europa.

Rechnet sich Europa?

Die ökonomische Literatur versucht seit Jahrzehnten nachzuweisen, dass sich die europäische Integration für die Bürgerinnen und Bürger rechnet. Wir haben mit den modernsten Methoden, die uns heute zur Verfügung stehen, und mit umfangreichen Daten zu berechnen versucht: Was bringt die Europäische Union den 27 Mitgliedstaaten? Für Deutschland zeigen unsere Ergebnisse, dass eine Untergrenze der wirtschaftlichen Nützlichkeit Europas bei 5,5 Prozent des BIP liegt. Die Denkfigur, die wir in unserer Simulation unterstellen lautet: Was wäre, wenn es kein Europa gäbe? Um wie viel Prozent würde das deutsche Bruttoinlandsprodukt dann mindestens schrumpfen? Das Ergebnis: um 5,5 Prozent. Warum sage ich »mindestens«? Weil wir viele Dinge, die wichtig sind in Europa, in unseren Rechnungen nicht berücksichtigen können. Wir können die Freiheiten, die wir haben, nicht beziffern, also die Tatsache, dass ich jederzeit als Österreicher nach Portugal und als Portugiesin nach Bulgarien reisen kann. Wir können nicht beziffern, was die ökonomische Vorteilhaftigkeit des Friedens ist, den wir in Europa seit 1945, innerhalb der Europäischen Union jedenfalls, genießen dürfen.

In Euro pro Kopf macht dieser Vorteil für Deutschland ungefähr zweieinhalbtausend Euro pro Jahr aus. Zweieinhalbtausend Euro pro Person. Das ist eine Untergrenze. Und Deutschland ist ja bei Weitem die größte Volkswirtschaft in der Europäischen Union. Das heißt, Deutschland hat auch für sich genommen den größten Markt und ist deswegen im Vergleich zu den kleineren anderen Volkswirtschaften Europas eigentlich am wenigsten abhängig vom gemeinsamen Markt. Deswegen ist in kleineren Ländern der Vorteil aus Europa auch noch viel größer. In Österreich liegt er bei 8,5 Prozent, und in Großbritannien lag er vor dem Brexit unter dem deutschen Niveau bei etwa 3,5. Woher kommt dieser ökonomische Vorteil Europas? Er kommt vor allem aus dem sogenannten Binnenmarkt, aus der Existenz der vier Freiheiten: gemeinsamer Markt für Arbeitskräfte, gemeinsamer Markt für Kapital, gemeinsamer Markt für Dienstleistungen und gemeinsamer Markt für Güter.

Gemeinsamer Markt heißt, dass wir viele Regeln vergemeinschaftet haben: gemeinsame Regulierungen, gemeinsame Wettbewerbsbehörde, oft natürlich auch eine gemeinsame Bürokratie, die wir nicht so gerne mögen, aber die zumindest in ihren Grundzügen in Europa zwischen den Mitgliedstaaten harmonisiert ist, jedenfalls in den Bereichen, in denen der Binnenmarkt auch existiert.

Aber: Er existiert nicht im Energiebereich, er existiert nicht im Telekommunikationsbereich, das heißt im Bereich der digitalen Dienstleistung. Er existiert nicht bei Rüstungsgütern im Bereich der Verteidigung, und er existiert vor allem nicht im Bereich des Strommarktes. Trotz dieser Unvollendetheit des Binnenmarktes kommen 60, 70 Prozent des ökonomischen Vorteils, von dem ich vorher sprach, aus dem Binnenmarkt, so wie wir ihn haben. Dann haben wir noch eine Zollunion in Europa, wir haben eine gemeinsame Währung, wir haben das Schengen-Abkommen, wir haben Freihandelsabkommen mit vielen Ländern außerhalb Europas, 47 Abkommen aktuell. Auch diese Dinge sind nützlich, aber ihr Beitrag ist sehr viel geringer als der des Binnenmarktes.

Der Binnenmarkt, das Kronjuwel

Der Binnenmarkt ist also das Kronjuwel, wenn man so mag. Und daher ist es auch nicht verwunderlich, dass der Draghi-Bericht und der Letta-Bericht und der Monti-Bericht auf diese Binnenmarktdimension abstellen und fragen, wie können wir den Binnenmarkt, der jetzt schon so nützlich ist, noch weiter vertiefen.

Viele Gegner der europäischen Integration kritisieren die Kosten Europas und den Umstand, dass Deutschland in Europa Nettozahler ist. Man zahlt mehr nach Brüssel, als man aus Brüssel zurückbekommt. Die fiskalischen Kosten der Mitgliedschaft Deutschlands in der Europäischen Union beliefen sich im Jahr 2022 etwa auf 250 Euro pro Person. Das ist nicht wenig. Aber die Bruttovorteile, also etwa der Zugang zum gemeinsamen Binnenmarkt und zu den anderen europäischen Integrationsprojekten, die machen sehr viel höhere Beträge aus. Da reden wir über mehrere tausend Euro. Dann wirken die Nettokosten bezüglich des EU-Haushalts eher gering.

Das ist natürlich ein tolles Investitionsprojekt, wenn man Hunderte Euro investiert und Tausende Euro an ökonomischen Vorteilen bekommt. Die Vorteile sind aber leider für die Menschen kaum greifbar. Wenn ein Wissenschaftler sagt, der Binnenmarkt habe diesen oder jenen Wert, die Eurozone diesen Wert und das Schengenabkommen jenen, dann ist das meist schwer nachzuvollziehen. Das ist ein zentrales Problem, dass diese Integrationsvorteile nicht besser quantifizierbar sind. Wenn wir mehr europäische Gemeinschaftsgüter haben, die man erleben kann, weil man in einem europäischen Zug fährt, weil man an einer europäischen Universität studiert, weil man vielleicht auch von einem europäischen Grenzsicherungskorps geschützt wird, dann würden wir diese Vorteile aus ihrer Abstraktheit herausholen und sie begreifbarer machen.

Würden wir mehr auf Gemeinschaftsgüter abzielen, würde man Europa für sich genommen wertvoller machen. Es würde auch bedeuten, dass mehr Steuergeld aus Deutschland, aus Österreich, aus den Niederlanden in Brüssel hoffentlich sehr demokratisch verwaltet werden müsste, aber gleichzeitig würden wir die Infrastrukturen, die wir brauchen, die Gemeinschaftsgüter, die wir brauchen, mit niedrigerer Steuerbelastung der Bürgerinnen und Bürger bereitstellen können. Besonders deutlich wird das, wenn man sich die Verteidigung ansieht. Europa gibt Unsummen aus für die Vorbereitung eines Verteidigungskrieges. Wir sind nach den Amerikanern, gemeinsam gerechnet, jene Region, die das zweitmeiste Geld einsetzt für Rüstung. Wir fühlen uns aber dennoch nicht sicher. Und die militärische Leistungsfähigkeit der europäischen Armeen ist in Summe bei Weitem nicht so hoch wie die der Amerikaner oder der Chinesen, vielleicht sogar geringer als die Russlands mit einer sehr viel kleineren wirtschaftlichen Leistungskraft. Wir könnten wahrscheinlich mit einem viel kleineren gemeinsamen Rüstungsbudget viel mehr Sicherheit haben, wenn wir die Verteidigung gemeinsam organisieren würden. Die Steuerbelastungen für die Bürgerinnen und Bürger könnten trotz Ausweitung der gemeinsamen Handlungsfelder gleichzeitig kleiner werden, weil wir Ineffizienzen, Doppelgleisigkeiten, Redundanzen, Inkonsistenzen abbauen könnten.

Beim Brexit zu dogmatisch

2016 am 23. Juni haben die Briten sehr knapp den Austrittsprozess aus der EU angestoßen. Wenn man als Ökonom nach den Vorteilen der europäischen Integration fragt, dann ist der Brexit eine Möglichkeit zu untersuchen, ob unsere Methoden irgendetwas taugen. Wie geht es den Briten, nachdem sie die Europäische Union verlassen haben? Geht es ihnen besser, wie das die Brexiteers versprochen haben? Oder sind sie zurückgefallen? Was man findet, ist, dass seit dem Jahr 2016 bis heute die Wirtschaft des Vereinigten Königreichs um zwischen drei und sieben Prozent an Wirtschaftskraft eingebüßt hat und, wenn man so will, weniger Wachstum hatte, als das der Fall gewesen wäre, wenn das Vereinte Königreich in Europa geblieben wäre.

Die ganz banalen Wirtschaftsdaten zeigen ein ähnliches Ergebnis. Von 2016 an erhöht sich das Pro-Kopf-Einkommen in Kaufkraftparitäten bis 2028 im Durchschnitt der Europäischen Union von 100 auf 121, also ungefähr 20 Prozent mehr. In Deutschland nicht, in Österreich auch nicht. Aber vor allem die mittel- und osteuropäischen Länder treiben diese Dynamik, Spanien zurzeit auch. Aber das ist der europäische Durchschnitt, und wenn wir auf das Vereinigte Königreich sehen, dann sehen wir, dass die Kaufkraft dort seit dem Jahr 2016 von 100 bis ins Jahr 2028 auf 108 expandiert. Nicht auf 121, da fehlen 13 Prozentpunkte. Ist das der Effekt des Brexit? Nein, da sind auch andere Dinge wichtig, aber es ist aus den Zahlen klar, dass ein Austritt aus dem europäischen Integrationsprojekt, jedenfalls wirtschaftlich, für Großbritannien keine gute Idee war.

Auch für Europa ist der Brexit ein Drama. Die zweitgrößte Volkswirtschaft hat Europa verlassen, 16 Prozent des Binnenmarktes sind damit verschwunden. Die EU hat ihre Topuniversitäten verloren. Und weil die Briten Nettozahler waren, trotz aller Rabatte, ist durch den Brexit die EU-Mitgliedschaft für die verbleibenden 27 Länder teurer geworden. Und weil der Binnenmarkt kleiner geworden ist, ist auch der Wert der Mitgliedschaft kleiner geworden.

Europa hat sich im Brexit-Prozess ein Stück weit »verpokert«. Die Europäische Kommission, vor allem auch die Regierungen in Berlin und Paris, sind in der Debatte mit London zu dogmatisch vorgegangen. So hat man den Briten abverlangt, alle vier Freiheiten im Paket zu akzeptieren, wo für die Briten wegen der Migration doch vor allem die Freiheit der Freizügigkeit ein Problem war. Ich denke, man hätte den Briten da deutlich mehr Entgegenkommen zeigen können, dann hätten wir die drei anderen Freiheiten bewahrt.

Ebenso halte ich die Vorstellung für übertrieben, dass ein Entgegenkommen gegenüber London auch andere Mitgliedstaaten der Europäischen Union zu solchem *»cherry-picking«* hätte veranlassen können. Denn das Vereinigte Königreich hat die zweitgrößte Volkswirtschaft unter den EU-Staaten. Das bedeutet, dass es auch den zweitgrößten eigenen Markt hat. Für ein Land wie Tschechien, das sehr europaskeptisch ist, oder Dänemark, das immer wieder für sich Sonderregeln beansprucht, ist das ja ganz und gar nicht der Fall. Diese Länder haben sehr kleine eigene Märkte. Die Kosten eines Exits für diese Länder wären um vieles höher als für das Vereinigte Königreich. Die Sorge um Nachahmungseffekte, vor denen man sich gefürchtet hat in Brüssel oder anderswo in der Europäischen Union, halte ich für massiv übertrieben.

Ich glaube auch nicht, dass man für viele europäische Gemeinschaftsgüter, für viele Vorteile, die Europa bringt, immer eine politische Union braucht. Die politische Union ist keine Voraussetzung für eine weitgehende Integration des Binnenmarktes. Sie hilft natürlich. Und wenn man über die wirtschaftliche Zusammenarbeit hinausgehen will etwa mit einer gemeinsamen Außen- und Sicherheitspolitik, dann wird man auch eine politische Union brauchen, selbstverständlich. Aber man hätte wirtschaftlich viel stärker integriert bleiben können mit den Briten, auch ohne eine enge politische Union.

Jetzt kann man sagen, das ist 2016 passiert, das Kind ist in den Brunnen gefallen, das kann man nicht mehr rückgängig machen. Wahrscheinlich stimmt das, jedenfalls kurz- und mittelfristig. Aber wir müssen die Lehren daraus ziehen. Wir haben ja nicht nur die Briten verloren. Wir haben auch die Türken verloren, die keine realistische Perspektive haben, in den nächsten 20, 30 Jahren der Europäischen Union beitreten zu können. Auch das ist nicht gut für unsere Sicherheit und für unseren Wohlstand. Wir haben keine Idee, wie wir das Versprechen einer EU-Mitgliedschaft gegenüber der Ukraine einlösen wollen. Wie soll das funktionieren? Wenn wir die politische Union immer zur Voraussetzung machen für die wirtschaftliche Integration, dann werden wir uns künftig schwertun. Und eines Tages wird vielleicht auch Weißrussland nicht mehr von Diktator Lukaschenko regiert, sondern möchte auch eine Annäherung an Europa. Wir brauchen also ein Modell, das etwas weniger ist als eine volle politische Integration, das aber eine möglichst intensive wirtschaftliche Integration erlaubt. Das hätten wir mit einem Sondermodell für Großbritannien zeigen können. Deswegen finde ich es schade, dass diese Chance gerade von Deutschland und von Frau Merkel nicht genutzt wurde.

Für mich ist die Nützlichkeit Europas vor allem im Funktionieren des Binnenmarktes begründet. Der Binnenmarkt ist der Ort, wo der wirtschaftliche Nutzen für uns Bürgerinnen und Bürger entsteht. Aber der Binnenmarkt ist noch viel mehr. Der Binnenmarkt ist auch der einzige Trumpf, den wir in Europa auf der geopolitischen Bühne haben. Wir haben keine Militärstützpunkte auf der ganzen Welt, wir haben keine Flugzeugträger und Nukleararsenale, mit denen man drohen kann. Wir haben unseren Binnenmarkt, und dieser Binnenmarkt kann als Lockmittel eingesetzt werden. Der Binnenmarkt kann aber auch verweigert werden, man kann mit der Drohung der Verweigerung des Binnenmarktes arbeiten.

Der Binnenmarkt ist sozusagen das Gewicht Europas in der Welt. Zugang zum Binnenmarkt ist etwas, das sich unsere Partner auf der Welt wünschen. Wenn sie ausgeschlossen werden, bedeutet das für unsere Partner auf der Welt einen Schaden. Deswegen wäre es so wichtig, dass dieser Binnenmarkt tiefer wird, dass er größer wird, dass er dynamischer wird.

Binnenmarktbarrieren abbauen

Letztes Jahr gab es in einem wichtigen Fachjournal der Ökonomie – im *Journal of International Economics* – einen Aufsatz, der gezeigt hat, wie groß die innereuropäischen Barrieren immer noch sind. Und die Schlussfolgerung war: »Europe is far from having a single market.« Europa sei weit entfernt, einen wirklichen gemeinsamen Markt zu haben. Die Studie ist erstklassig, aber die Schlussfolgerung halte ich für übertrieben. Aber es ist klar, dass wir da noch sehr viel mehr gemeinsam erreichen können. Wir brauchen eine neue Vision für dieses Europa, auch auf wirtschaftlicher Ebene. Und zentral müsste da sein, den Binnenmarkt in den Bereichen, in denen er noch nicht existiert, aufzubauen und in den anderen Bereichen zu vertiefen. Wir haben immer noch viel zu viel Bürokratie im grenzüberschreitenden Handel. Wir haben immer noch fragmentierte Märkte.

Wie kann es sein, dass wir in einem Binnenmarkt so extrem unterschiedliche Inflationsraten haben, wie wir das in den letzten Jahren erlebt haben? Da gab es Länder, die hatten zwei bis drei Prozent, und andere, die baltischen Republiken, 15–16 Prozent. Wie kann das sein, wenn doch die Gütermärkte eigentlich integriert sind? Da müsste die Einheitlichkeit des Preises gelten, so ist es aber nicht. Wir haben immer noch in vielen zentralen wirtschaftlichen Bereichen sehr kleine Einheiten. Ein Beispiel: In Europa gibt es Hunderte von Schienenverkehrsunternehmen. Neben den großen nationalen Monopolisten viele kleine, aber es sind sehr, sehr viele. Wie viele Schienenunternehmen gibt es in China? Einen. In den USA eine Handvoll. Dieselbe Geschichte kann man erzählen über die Stromversorgung. Dieselbe Geschichte kann man erzählen über die europäische Finanzindustrie, über die europäische Rüstungsindustrie.

Durch diese sehr kleinen Einheiten schaffen wir es nicht, Größenvorteile zu erzielen. Das kann man in den USA, das kann man in China, in Europa kann man es nicht. Das heißt, wir müssen Größenvorteile zulassen, immer unter der Voraussetzung, dass Wettbewerb gewahrt bleibt. Über die Infrastruktur habe ich schon hinlänglich gesprochen, aber das wäre ein großes Thema, den Binnenmarkt wieder massiv voranzutreiben.

Wenn ich einen Wunsch habe an diese neue Kommission, die nun ihre Arbeit angetreten hat, dann wäre es dieser: den Binnenmarkt wieder zum Zentrum der europäischen Aktivität zu machen. Wenn man das will, wird man auch aus Deutschland und aus den anderen sogenannten sparsamen EU-Mitgliedstaaten einen höheren Beitrag nach Brüssel zahlen müssen. Gleichzeitig aber wird man viele Dinge, die dann in Brüssel erledigt werden, nicht mehr aus dem nationalen Budget stemmen müssen. Und wenn meine Hypothese richtig ist, dass da Mehrwert erzielt werden kann, dann kommen wir mit einer insgesamt kleineren Steuerbelastung aus für die Bereitstellung der öffentlichen Güter, die wir als Bürgerinnen und Bürger brauchen.

Neben dem Binnenmarkt haben wir noch eine ganze Reihe von anderen unvollendeten Geschichten in der Europäischen Union, an deren Bearbeitung wir uns wagen müssen. Unterschiedliche Ländergruppen in Europa haben unterschiedliche Situationen und Randbedingungen ihrer Existenz – wir erinnern uns an die schmerzhaften Diskussionen rund um die Euro-Schuldenkrise mit den Griechen und den Italienern. Wir müssen über die Gräben, die sich da in den letzten Jahrzehnten in Europa aufgetan haben, hinwegkommen. Das bedeutet auch und vor allem in den Ländern des Zentrums in Europa, dass man mehr Europa zulassen muss und neben der Währungsunion auch eine Fiskalunion braucht. Sprich: ein größeres europäisches Budget, einen europäischen Finanzminister und ganz zentral auch ein Budgetrecht für das Europäische Parlament.

Das sind ziemlich utopische Vorstellungen, dass in Straßburg oder Brüssel ein europäisches Parlament über den Teil unserer Steuern entscheiden darf, der für Gemeinschaftsaufgaben bestimmt ist. Das muss immer unter der Voraussetzung geschehen, dass das, was man vergemeinschaftet hat, nicht auch noch einmal in den Nationalstaaten gemacht und dafür Geld erhoben wird. Dann kann aus einem solchen Budgetrecht für uns Bürgerinnen und Bürger auch ein echter Vorteil entstehen. Und dass ein solches Budgetrecht noch viel anderes auslösen würde mit einem hohen Nutzen, ist auch klar. Das Europäische Parlament würde an Bedeutung gewinnen und die Europadebatten dort an Niveau. Wenn das Europäische Parlament über Dinge entscheiden dürfte, bei denen es ums Geld geht, dann hätten wir im Handumdrehen eine europäische Debatte über diese Themen.

Pflicht, optimistisch zu sein

Gegenwärtig fehlt eine solche gemeinsame europäische Debatte. Ich bin mit einer Französin verheiratet, wir haben die französischen Zeitungen gelesen, die deutschen, die österreichischen. Die Themen, die im Wahlkampf zu den Europawahlen politisch verhandelt wurden, waren in diesen drei Volkswirtschaften, Gesellschaften, Staaten grundverschieden. Der Grund dafür ist, dass wir kein Parlament haben, das über ein Budgetrecht verfügt.

Man könnte sagen: Ein Parlament ohne Budgetrecht ist gar kein Parlament. Denn Parlamente, etwa das englische Parlament, haben sich genau so entwickelt, dass man dem Königshaus eine Macht entgegengesetzt hat, und da ging es vor allem um das Geld. Wenn wir uns also von Europa mehr Gemeinschaftsgüter wünschen, dann müssen wir Europa auch ausstatten mit den Möglichkeiten, diese Wünsche umsetzen zu können. Und dabei geht es ums Geld, da geht es um Befindlichkeiten.

Wenn wir diese Schritte nicht gehen, dann wird die europäische Integration nicht gelingen können. Wir werden die europäische Politik in Themenfelder hineintreiben, wo sie mehr Schaden anrichten wird als Nutzen, weil sie sich in den Nischen des politischen Prozesses bewegen wird, die man ohne Geld bearbeiten kann. Mit einer »CSDDD« zum Beispiel, mit der »Corporate Sustainability Due Diligence Directive«. Das ist ein Werk der europäischen Parlamentarier aus den letzten paar Monaten. Sie wissen nicht, worum es sich da handelt? Das wundert mich nicht. Das sind eben Regulierungen wie die berühmte Krümmung der Bananen. Derlei ist schon irgendwie wichtig, aber es ist kein Anlass, darüber in der *Bild*-Zeitung oder an den Stammtischen zu reden, weil es so weit weg ist. Deswegen ist es wichtig, Europa aufzuladen mit Themen, die für die Bürger wichtig sind. Und da wird es immer auch um die finanzielle Tangente gehen müssen.

Sind solche Vorschläge pures »Wolkenkuckucksheim«? Ja, natürlich, mehr Europa, das ist klar, das wäre schon ganz gut, aber wenn es was kostet, dann wird es schon schwierig. Und oft besteht auch Skepsis, ob die Politikerinnen und Politiker, die wir nun einmal haben, das alles auch wirklich durchsetzen könnten.

Aber ich halte es für eine Pflicht, optimistisch zu sein, auch was Europa angeht. Ich habe drei Kinder, und das europäische Projekt, das für mich so viel Nutzen geschaffen hat, das muss auch für meine Kinder nützlich bleiben. Für mich heißt das: Ich muss mir meinen Optimismus über die europäische Integration bewahren. Es geht dabei nicht um einen Optimismus, den man bei einem Gläschen Wein in netter Runde teilt, sondern um einen Optimismus, der zu Taten, zu politischen Prozessen führt. Und dafür, denke ich, müssen wir uns einsetzen. Das mache ich in meinem kleinen Bereich, in der Wirtschaftsforschung, in der Wissenschaft, und ich versuche in Diskussionen, Reden, Aufsätzen und Büchern einen Impuls zu stiften dafür, dass wir uns alle gemeinsam sehr viel mehr für dieses europäische Integrationsprojekt engagieren müssen. Ohne Europa und vor allem ohne die wirtschaftliche Prosperität, die Europa ermöglicht, sind viele Errungenschaften der letzten zwei Generationen in Gefahr. Das wollen wir nicht. Deshalb müssen wir Europa reformieren. Dafür ist es allerdings fünf vor zwölf. Viel Zeit haben wir angesichts der vielen Herausforderungen in unserer Welt nicht mehr. Aber ich bin mir sicher, dass wir in Europa noch die Kraft haben, dieses Projekt gemeinsam voranzubringen.

Frank Böttcher

Zeitenwende, Klimawende

Was kommt auf uns zu?

Unser Thema ist harte Kost für mutige Menschen. Wir werden gemeinsam eine Weltreise machen und uns anschauen, was künftig beim Wetter, beim Klima passieren wird.

Wir befinden uns in Zeiten großer Veränderungen, in einer Zeitenwende. Wenn man die Nachrichten verfolgt, stößt man immer wieder auf neue Extremwetterereignisse, neue Rekorde. Soeben hören wir, dass der Gletscher des mehr als 3000 Meter hohen Sonnenblick in Österreich im August 2024 keinen einzigen Tag mit Frost erlebt hat. Noch nie gab es seit Beginn der Wetterbeobachtung im 19. Jahrhundert oben auf 3000 Meter Höhe auf dem Sonnenblick keinen einzigen Frosttag im August. Wir bekommen Wetterrekorde aus dem Mittelmeerraum, 30 Grad Wassertemperatur im südlichen Mittelmeer, dort, wo eigentlich die Wassertemperaturen bei 26 Grad liegen sollten. Das verändert Flora und Fauna. 50 Grad Celsius in Kuwait bereits im Mai dieses Jahres, die globalen Temperaturen aktuell global auf dem höchsten Wert seit Beginn der Wetterbeobachtung: So warm war der Planet in dieser Jahreszeit noch nie.

Blick auf die Ozeane

Wir sind in ein neues Zeitalter der globalen Erwärmung eingetreten. Auch dieser Sommer 2024, Juni bis August, war global der wärmste seit Beginn der Wetterbeobachtung. Und es ist nicht nur die Atmosphäre, in der die Temperaturen steigen. Es ist auch der Ozean. Das ist deshalb so wichtig, weil von der zusätzlichen Energie, die in das Klimasystem eingetragen wird, nur ein Prozent in die Atmosphäre geht. Wir schauen aber immer auf die globale Lufttemperatur. Viel wichtiger ist es, sich den Ozean anzuschauen, diese unglaubliche Wassermenge, die sich durch die globalen Temperaturen erwärmt. Rund 90 Prozent der zusätzlichen Energie, die dem Klimasystem durch die globale Erwärmung zugefügt werden, gehen in die Ozeane. Diese erwärmen sich massiv. Wir haben einen richtigen Sprung bei den Ozeantemperaturen erlebt innerhalb der oberen 700 Meter. Was dort passiert, ist eine echte Zeitenwende.

Ich will hier den aktuellen Stand der Analyse schildern: Wo stehen wir beim Klimawandel, was wissen wir wissenschaftlich darüber? Was kommt auf uns zu bei Wind, bei Niederschlag und auch bei den Temperaturen? Wie sind die Perspektiven, wie können wir damit umgehen? Meine Prognose: Wir als Menschen, als *Homo sapiens*, der eine der anpassungsfähigsten Spezies auf diesem Planeten ist, werden lernen, damit umzugehen.

Treibhausgase nehmen zu

Alle Treibhausgase, die wir kennen, weisen nach oben. Es ist das Methan, das in der Konzentration weiter ansteigt, es ist das D-Stickstoffmonoxid, das sogenannte Lachgas, das sich in der Konzentration in der Atmosphäre immer weiter anreichert,

Schwefelhexafluorid genauso wie das, was wir alle kennen, das Kohlenstoffdioxid. Und auch in diesem Jahr hatten wir wieder einen neuen Rekord beim Kohlenstoffdioxid. Die erste große Umweltkonferenz 1992 in Rio hat den Weg dafür bereitet, dass die Klimaziele vereinbart worden sind, dass das Kyoto-Protokoll, das Pariser Rahmenabkommen entstanden sind. Alle diese Vereinbarungen zielten darauf ab, die CO_2-Konzentrationen zu senken. Hätten sie alle das Ziel gehabt, dass die CO_2-Konzentration in der Atmosphäre weiter ansteigt, die Protokolle wären alle sehr erfolgreich gewesen. Ziel war es aber, die Emissionen zu senken. Sie sind seit 1960, seitdem man kontinuierlich das CO_2 misst auf Mauna Loa auf Hawaii, der wertvollsten Klimastation auf unserer Erde, kontinuierlich angestiegen. In diesem Jahr ein neuer Rekord, 427 ppm (parts per million, »Anteile pro Million«) Kohlenstoffdioxid haben wir in der Atmosphäre.

Allein in den letzten zwölf Monaten haben wir die Atmosphäre mit drei ppm Kohlenstoffdioxid angereichert. Das klingt wenig. Diese drei ppm im Klimasystem in den letzten drei Monaten bedeuten tatsächlich aber viel. Wenn wir schauen, woher dieses Kohlendioxid kommt, dann wissen wir das auch: Satelliten können genau feststellen, wo welche Emissionen entstehen. Wir sehen, wo die Schornsteine rauchen, fast schornsteingenau können wir erkennen, woher das Methan kommt, woher das Kohlenstoffdioxid kommt und wie viel es ungefähr ausmacht, was in die Atmosphäre hineingeht. Und 40 Gigatonnen Kohlenstoffdioxid sind es in den letzten Jahren pro Jahr gewesen. Und 2023 war ein neues Rekordjahr.

Die globalen Emissionen gehen nur sehr, sehr langsam zurück, sie sind seit fünf Jahren fast auf dem gleichen Niveau, und sie sind in den meisten Bereichen weiter angestiegen, vor allen Dingen in China. Es kommt aus der Verbrennung von Öl, Kohle und Gas, das sind die größten Treiber. Und das bedeutet, dass wir in der Atmosphäre mehr Kohlenstoffdioxid haben. Kohlenstoffdioxid ist ein Treibhausgas, das zur Erwärmung der Atmosphäre führt. Und wir wissen, dass das nicht sofort passiert, sondern ungefähr mit einem Versatz von 20 bis 30 Jahren. Das heißt, die globalen Temperaturen, die wir jetzt in der Atmosphäre haben, etwa 1,2 Grad höher gegenüber der vorindustriellen Zeit, sind das Ergebnis des Kohlenstoffdioxideintrags von vor 20 bis 30 Jahren.

Deshalb wissen wir, was in den nächsten 20 oder 30 Jahren auf uns zukommen wird. Wenn wir nicht unmittelbar Kohlenstoffdioxid aus der Atmosphäre herausholen, wird sich das Klima in den nächsten 30 Jahren massiv erwärmen, weil die CO_2-Mengen in der Atmosphäre in den letzten 30 Jahren gestiegen sind. Das ist reine Physik, und mit der können wir nicht verhandeln. Wir haben das Klimasystem gut verstanden, und das, was wir in den letzten 30 Jahren erlebt haben, ist genau das, was die Klimaforschung uns vor 30 Jahren vorausgesagt hat.

Zu viele Menschen?

Es gibt aber eine zweite Kurve zusätzlich zum Kohlenstoffdioxid, die für uns interessant sein sollte. Das ist die Kurve der Zahl der Menschen auf diesem Planeten. Diese Kurve zeigt nach oben, und es gibt im Moment leider noch einen fatalen Zusammenhang zwischen der Bevölkerungsentwicklung auf unserem Planeten und der Entwicklung des Kohlenstoffdioxids. Die Bevölkerung entwickelt sich immer schneller. Etwa 20 Jahre später sieht man, wie das Kohlenstoffdioxid nach oben geht. Etwa 20 bis 30 Jahre später sehen wir, wie die Temperaturen steigen.

Das heißt, wir müssen schon hier am Anfang den Zusammenhang zwischen dem Anstieg der Bevölkerung und dem Anstieg des Kohlenstoffdioxids entkoppeln. Und deshalb geben wir uns so viel Mühe, internationale Vereinbarungen hinzubekommen, mit denen wir auch mit mehr Menschen auf diesem Planeten weniger Kohlenstoffdioxid produzieren. Denn wir können gut internationale Verhandlungen führen, wie man Kohlenstoffdioxid reduziert, aber wir werden global nicht einmal eine Auftaktkonferenz hinbekommen, um darüber zu diskutieren, wie wir denn die Bevölkerung entwickeln, geschweige denn, welchen Staaten wir wie viele Menschen in den nächsten Jahrzehnten zugestehen. Diese Diskussion wird ja international nicht führbar sein.

Also müssen wir den Zusammenhang entkoppeln. Und das ist deshalb so wichtig, weil wir uns einer Kurve gegenübersehen, die aussieht wie die Kurve am Anfang einer Pandemie. Für das erste 0,5 Grad globale Erwärmung haben wir ungefähr 80 Jahre gebraucht. Für das zweite 0,5 Grad, um auf 1,0 Grad gegenüber der vorindustriellen Zeit zu kommen, sind gerade noch 23 Jahre vergangen, das war ungefähr 2014. Im Jahre 2026 werden wir 1,5 Grad überschritten haben, dann sind zwölf Jahre vergangen. 80 Jahre, 23, 12 für jeweils 0,5 Grad globale Erwärmung.

Erderwärmung nimmt dynamisch zu

Es braucht keine große Mathematik, um sich zu überlegen, was passiert, wenn das Kohlenstoffdioxid – so wie es angestiegen ist – das System weiter mit dem gleichen Antrieb voranbringt. Das bedeutet, dass wir noch vor 2050 drei Grad globale Erwärmung bekommen werden, nicht am Ende des Jahrhunderts, sondern viel schneller. Da werden wir zum großen Teil noch auf diesem

Planeten sein, unsere Kinder auf jeden Fall und unsere Enkel allemal, und das wird unseren Planeten nachhaltig verändern. Das wird so passieren, weil es eben reine Physik ist. Und wir müssen überlegen, wie wir uns dann verhalten.

In Deutschland übrigens befinden wir uns im Moment sogar oberhalb der schlimmsten Klimaszenarien des IPCC. Damit kommen neue Phänomene auf uns zu, die wir bisher überhaupt nicht auf dem Zettel hatten. Ein Kollege von der Universität in Oslo macht Folgendes. Er guckt sich Satellitendaten an und schaut, wie sich die Oberfläche verändert hat. Man kann mit Radarstrahlen die genaue Höhe eines Geländes messen, und man kann nach einiger Zeit das gleiche Gelände noch mal messen, und da sieht man Unterschiede. Nach Erdbeben in der Türkei konnte man sehen, dass sich einige Abschnitte Land mehrere Meter nach rechts oder nach links bewegt haben oder nach oben oder nach unten. Und er guckte sich Daten von einem Gletscher im Kaukasus an, dem Kolka-Gletscher. Er stellte fest, dass dort ein halber Gletscher innerhalb von einem Jahr verschwunden war. Das hat ihn überrascht. Er hat sich weitere Satellitendaten angeschaut mit kürzeren Abschnitten, und fand heraus, dass dieser Gletscher nicht innerhalb eines Jahres verschwunden ist, auch nicht innerhalb eines Monats. Er ist innerhalb eines Tages verschwunden.

Was war passiert? Die globale Erwärmung geht so schnell voran, dass der obere Teil des Gletschers sehr viel schneller als der untere Teil des Gletschers schmelzen kann. Was passiert? Dann wird ein Punkt erreicht, wo der obere Teil des Gletschers den unteren Teil nicht mehr halten kann, dann reißt dieser Gletscher ab. Genau das ist passiert im Kolka-Massiv. Der Gletscher riss ab und donnerte wie ein ICE mit einer Geschwindigkeit von 250 bis 300 Kilometern pro Stunde ins Tal, 18 Kilometer in fünf Minuten. Er riss alles mit, was im Wege war. Es gab zahlreiche Tote, es gab zahlreiche Tiere, die ums Leben gekommen sind, nach fünf Minuten kam dieser Gletscher im Tal zum Stehen.

Wir haben danach weitere Gletscherphänomene gesucht, bei denen das auch passiert ist. Wir haben sie in den Anden gefunden. Wir haben sie 2021 auch am 7. Februar im Raini-Massiv im westlichen Himalaja in Indien gesehen. Da ist ein Gletscher abgerissen, in den Gletschersee gestürzt, hat den ganzen Gletschersee gleich mitgenommen. Dann ist eine Schlamm-Eis-Geröll-Lawine durchs Tal gedonnert, hat die Baustelle eines Staudammes fortgerissen. Viele Bauarbeiter sind ums Leben gekommen. Und auch in den Alpen geschah so etwas 2022, als im Marmolata-Massiv der Dolomiten ein Gletscher abgerissen ist.

In den Alpen verschwindet auch der Permafrost. Der Permafrost aber ist der Klebstoff der Gletscher und der Berge oben. Er hält sie zusammen, wo sie besonders steil sind. Verschwindet dort der Permafrost, lösen sich die Felsen. Wir rechnen in den Alpen in den nächsten Jahrzehnten damit, dass wir nicht nur Geröllawinen erleben, wir werden auch halbe Berge verlieren. Stellen Sie sich vor, ein solcher Gletscherabriss entsteht am Mer de Glace oberhalb von Chamonix und aus dem Mont-Blanc-Massiv donnert ein Gletscher herunter, ein Gebirgssturz in Gebieten, wo unten große Städte sind. Wir haben dort hohe Risiken, mit denen wir umgehen müssen.

Der Meeresspiegel steigt – massiv

Und trotzdem sind die globalen Temperaturveränderungen nicht unser größtes Problem im Klimawandel. Die Gefahr liegt ganz woanders. Und um das herauszufinden, gehen wir die Temperaturkurven einmal zurück in die Vergangenheit. Da waren die Eiszeiten dazwischen, zu denen es richtig kalt war in Mitteleuropa, sechs Grad niedrigere Temperaturen, 175 ppm Kohlenstoffdioxid, sehr wenig, wenig Treibhausgas. Drei Millionen Jahre zurück beginnt das Pliozän. Und dieses Pliozän, ganz hinten am Horizont, hatte für zwei Millionen Jahre ein sehr stabiles Klima. Drei Grad wärmer war es da für zwei Millionen Jahre. Das ist eine sehr gute Nachricht, weil wir wissen, wie das Klima damals auf unserem Planeten war.

In Münster beispielsweise liefen die Säbelzahntiger durch die Stadt. Die kommen jetzt nicht so schnell wieder zurück. Es kommt was anderes zurück, und da ist es gut, in Münster zu wohnen, denn Münster liegt 60 Meter über dem Meeresspiegel. Denn damals im Pliozän, drei Grad mehr gegenüber der vorindustriellen Zeit, war der Meeresspiegel 20 Meter höher. 20 Meter höherer Meeresspiegel ist das, was wir zurückholen aus der Vergangenheit. Übrigens hatten wir damals 400 ppm Kohlenstoffdioxid, jetzt 427. Das heißt, das Klimasystem drückt uns nicht nur ins Pliozän, drückt uns nicht nur in Richtung 20 Meter höherer Meeresspiegel, es drückt uns zurück in eine Zeit, in der der Meeresspiegel sogar noch höher war.

Aber nehmen wir mal als Voraussetzung einen um 20 Meter erhöhten Meeresspiegel. Der letzte IPCC-Report der AR6 geht im Worst-Case-Szenario von 1,70 Meter Meeresspiegelanstieg bis zum Ende des Jahrhunderts aus. Wie funktioniert das? Das liegt auch daran, weil warmes Wasser sich schneller aufbläht. Man muss sich das vorstellen wie bei einem Luftballon. Setzt man einen Luftballon der Sonne aus, dann wird die Luft darin wärmer, er wird immer größer, bis er platzt. Das ist thermische Expansion. Das ist beim Ozean genauso. Wenn das Wasser wärmer wird, dann bläht sich der Ozean auf. Also nicht nur das Wasser, das von den Gletschern kommt, lässt den Meeresspiegel steigen, sondern auch der Ozean, der sich aufbläht.

1,70 Meter am Ende des Jahrhunderts – diese Zunahme bedeutet auch, dass der Meeresspiegel in den 2090er-Jahren, also am Ende dieses Jahrhunderts, um 50 bis 60 Millimeter, also fünf bis sechs Zentimeter pro Jahr, steigen wird. Er wird also schneller steigen, als üblicherweise Planungsverfahren und Baugenehmigungen vorankommen. Das bedeutet: Wir müssen jetzt anfangen zu überlegen, wo werden unsere Deichlinien sein im Jahre 2100, im Jahre 2150. Wir werden uns überlegen müssen, wie unser Planet dann aussieht.

Der zweite Teil ist schwieriger. Wenn der Meeresspiegel um 20 Meter steigt, dann steht das Wasser etwa in den Niederlanden permanent an den Deichen. Das ist wegen des Wassers nicht nur eine Aufgabe des Küstenschutzes, sondern die Deiche bilden auch eine Verteidigungslinie gegen Kriminelle, gegen Terroristen. Was die Niederlande betrifft: Bei 20 Meter höheren Meeresspiegeln wären 70 Prozent des Landes überflutet, wenn man nicht Küstenschutz hätte. 20 Meter oder 30 Meter hohe Deiche: Wenn da jemand eine Bombe wirft, dann kann man mit relativ wenig Aufwand relativ viel Land versenken. Das macht ein Land angreifbar.

Das sind wirklich ernsthafte Überlegungen. Und wer jetzt glaubt, eine Begrenzung auf 1,5 Grad sei unproblematisch, der irrt sich: 1,5 Grad globale Erwärmung bedeutet, dass der Meeresspiegel um elf Meter steigt. Als Hamburger kann ich damit nicht zufrieden sein, das wird für Hamburg ein echtes Problem. Dieser Anstieg des Meeresspiegels wird in den nächsten 200 Jahren zu Wanderungsbewegungen der Menschen führen. Sie suchen alle Regionen, die höher liegen.

Ich hatte vorhin gesagt, wir haben im letzten Jahr in der Atmosphäre drei ppm Kohlenstoffdioxid zusätzlich angereichert. Ein ppm Kohlendioxid korreliert also mit ungefähr 20 Zentimeter Meeresspiegelanstieg. Wir haben also in den letzten zwölf Monaten einen zusätzlichen Meeresspiegelanstieg von etwa 60 Zentimetern bestellt. Die werden jetzt nicht so schnell ausgeliefert wie beim Pizzaservice, aber die kommen irgendwann auf uns zu. Die haben wir ins System integriert, indem wir genauso weitergemacht haben wie bisher.

Wind, Tornados, Hurrikane, Stürme

Nun verbreitet sich in der Gesellschaft ein Gefühl, dass da tatsächlich etwas passiert und man sich irgendwie darauf einrichten muss. Vielleicht müssen wir wieder eine Arche bauen? Die Vorboten dieses Denkens zeigt sich bei den Lieblingsnamen für Jungen: Im Jahr 2023 lag auf Platz 1 der Name »Noah«. Da wird schon die Kompetenz für die Zukunft in die Wiege gelegt. Ein Zeichen, dass die Gesellschaft verstanden hat, was da passiert.

Was bedeutet das jetzt alles für uns ganz konkret beim Wind, beim Niederschlag und bei den Temperaturen? Ich beginne mit dem Wind. Es wird nicht so sein, dass es nur noch Extremwetter geben wird. In den nächsten 50 Jahren werden wir meistens ziemlich normales Wetter erleben, heiter bis wolkig, einzelne Regenschauer, Nordwestwindstärke 3 bis 4, 12 bis 16 Grad. Der schlimmste Wind allerdings, den man auf Erde haben kann, kommt von Tornados. Der schlimmste Tornado war einer in Oklahoma 1999 mit einer unvorstellbaren Windgeschwindigkeit von 496 Kilometern pro Stunde. Da buchen alle Unternehmer selbst Immobilien um von einem unbeweglichen

Gut in einen beweglichen Gegenstand. Bei 450 Kilometern pro Stunde gerät ein komplettes Gebäude in einen spontanen Recyclingprozess. Da wird alles zerlegt. Da bleibt nichts an seinem Ort. Und die Frage ist: Nimmt die Zahl der Tornados eigentlich zu?

Bis etwa 2005 existieren gute Dokumentationen darüber, wie viele Tornados es gab. Es waren ungefähr 40 in Deutschland pro Jahr. Tornados sind also keine große Seltenheit. Seit 2005 bis heute ist die Zahl der beobachteten Tornados in Deutschland allerdings von 40 auf ungefähr 140 im Durchschnitt gestiegen. Nun könnte man sagen, das ist vielleicht der Klimawandel. Es wird wärmer auf diesem Planeten, ein Grad mehr in der Atmosphäre bedeutet sieben Prozent mehr Feuchtigkeit, die die Atmosphäre aufnehmen kann. Es mag zwar die gleiche Wetterlage, das gleiche Gewitter sein – aber bei zwei Grad höheren Temperaturen ist dieses Gewitter mit möglicherweise 14 bis 15 Prozent mehr Feuchtigkeit angereichert, die muss aus den Wolken wieder heraus. Das heißt, es gibt mehr Niederschlag. Mehr Starkregen, stärkere Gewitter. Starke Gewitter sind der Nährboden für Tornados.

Ist die Zunahme der Tornados nun bedingt durch den Klimawandel? Zunächst hat sie mit der Zunahme von Mobiltelefonen zu tun, denn anders als früher steht heute hinter jedem Tornado immer noch ein Enkel oder eine Nichte, die ein Selfie machen: ich und der Tornado. Und all diese Zahlen gehen in die Statistik ein. Also ist die Frage, haben wir eigentlich mehr Tornados, oder haben wir einfach nur eine bessere Beobachtungslage? Wir wissen es nicht genau. Die gute Beobachtungslage heute hat die alten Daten quasi ruiniert. Ist es der Klimawandel, der die Zahl der Tornados erhöht? Oder haben wir früher nur unzureichend gezählt?

Was wir tatsächlich gesichert wissen, ist, dass die globale Erwärmung dazu führt, dass wir stärkere Hurrikane bekommen. Tropische Systeme werden stärker. Das ist auch reine Physik. Die Wassertemperatur steigt. Wenn die Wassertemperatur steigt, haben wir mehr Verdunstung, also mehr Energie im System. Das ist so, als würde man die Herdplatte von 4 auf 5 drehen. Dann kocht das Wasser schneller. Das ist bei den Hurrikanen ganz genauso. Also werden die Systeme stärker. Wir sehen aber keine Zunahme der Anzahl der Hurrikane. Wir sehen aber, dass Hurrikane in Regionen auftreten, in denen sie bisher gar nicht aufgetreten sind. So beispielsweise Pablo, ein Hurrikan, der 2005 direkt vor den Toren Europas entstanden und dann in Richtung Portugal gezogen ist, in ein Gebiet, in dem es früher nie Hurrikane gab. Das liegt daran, dass die Wassertemperaturen plötzlich 26,5 Grad erreichen, das ist die Temperatur, die so ein Hurrikan braucht. Ansonsten fällt er nachts in sich zusammen. Er braucht also Energie, um die Nächte zu überstehen, in denen es dunkel und kühl ist.

Aber diese Gebiete mit 26,5 Grad warmem Wasser und höheren Temperaturen werden zahlreicher. Also können plötzlich solche Systeme auch in anderen Gebieten als bisher entstehen. 30 Grad Wassertemperatur im August im Mittelmeerraum werden dazu führen, dass wir dort bis in den Herbst hinein noch hohe Wassertemperaturen haben werden, zwischen 25 und 30 Grad in weiten Teilen des Mittelmeeres. Wenn dann im September und Anfang Oktober das erste Mal hochreichende Kaltluft über das Mittelmeer zieht, dann haben wir einen gewaltigen Temperaturgegensatz und unfassbar viel Energie von dieser Herdplatte da unten. Wir rechnen also damit, dass wir immer im Herbst, im September und im Oktober, massive Sturmentwicklungen über dem Mittelmeer haben, übrigens auch Stürme, die entlang des Alpenbogens massiv Niederschlag bis zu uns nach Mitteleuropa bringen können, die berühmten 5b-Lagen, Tiefdruckgebiete, die sich über dem Mittelmeer vollsaugen wie ein Schwamm und dann um den Alpenbogen ostwärts vorbeiziehen und sich dann kräftig am Alpennordrand ausregnen, zu Hochwassern führen in Elbe und Donau. Das sind Szenarien, mit denen wir künftig in jedem Herbst auf jeden Fall rechnen müssen.

Die Frage ist dann häufig: Nehmen die Sturmtiefs hier in Mitteleuropa zu? Es gibt eine interessante Statistik, die zeigt, dass die Zahl der großen, schweren Orkantiefs über dem Atlantik, also die unter 950 Hektopascal, über dem Nordatlantik zugenommen hat. Dazu muss man aber gleich eine zweite Beobachtung machen. Durch die globale Erwärmung zieht sich das Eis in der Arktis zurück. Große, schwere Stürme entstehen vor allen Dingen dort, wo die Temperaturgegensätze besonders groß sind, also zwischen den großen Eisflächen und dem offenen Ozean. Zieht sich das Eis also zurück, dann verlagert sich das Gebiet der sogenannten Zyklogenese, der Entstehungsgebiete der schweren Sturmtiefs, weiter nach Norden.

Genau das beobachten wir: Zwar gibt es eine leichte Zunahme der schweren Orkantiefs, aber sie ziehen viel häufiger in Richtung Spitzbergen und viel seltener in Richtung Südskandinavien und in Richtung Norddeutschland. An der Deutschen Bucht haben wir in den letzten 100 Jahren keine Zunahme der Sturmböen, keine Zunahme des Mittelwindes. In Hamburg haben wir eine Abnahme der Sturmtage um 15 Prozent, in Schleswig sind die Sturmtage um 25 Prozent zurückgegangen in den letzten 30 Jahren, in List auf Sylt um 19 Prozent, in der Region Bremen 16 Prozent weniger, Köln-Bodden 23 Prozent weniger, Hannover ein Drittel weniger Sturmtage. Sturm ist nicht unser großes Problem. Ich sehe für die kommenden 30 Jahre keine signifikante Zunahme des Risikos für Sturmschäden in der Fläche.

Und die Temperaturen?

Anders sieht es bei den Temperaturen aus, da ist der Klimawandel spürbar, in Deutschland viel stärker als im globalen Mittelwert. Da liegen wir jetzt etwa 1,2 Grad gegenüber der vorindustriellen Zeit, in Deutschland bei etwa 2,1. Die Landfläche erwärmt sich sehr viel schneller als der gesamte Planet. Nehmen wir eine Gauß'sche Kurve der Verteilung des Wetters. Ganz links sind die wenigen Eistage, an denen die Tagestemperatur die Null-Grad-Grenze nicht überschreitet. Im großen Mittelbereich befindet sich das Normalwetter: Sonne, Wolken im Wechsel, 12 bis 16 Grad. Ganz rechts befinden sich die heißen Tage mit Höchstwerten über 30 Grad.

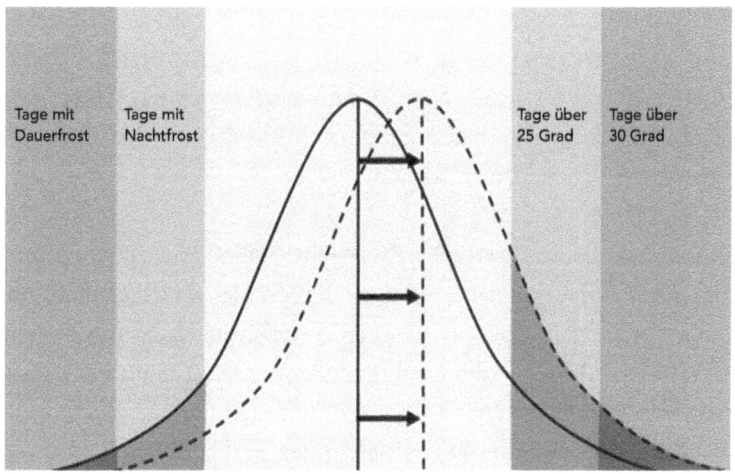

Schieben wir mit dem Klimawandel die ganze Kurve um zwei Grad nach rechts, sieht das Ergebnis wie folgt aus: Von den Eistagen bleibt kaum noch was übrig. Von dem großen Bauch in der Mitte gibt es immer noch viel völlig normales Wetter. Bei den extrem hohen Temperaturen erwarten wir jedoch einen ganz erheblichen Anstieg in der Fallzahl. Und das ist genau das, was wir beobachten. Und das sehen wir auch für die Zukunft, die Welle geht weiter. 2023 wird für die jetzt laufenden 30 Jahre ein kühles Jahr gewesen sein, obwohl es das wärmste war, das wir in Deutschland jemals hatten. Und das kann man an den Hitzetagen beispielsweise für Münster sehr gut sehen. Von 1961 bis 1990 gab es in Münster insgesamt 108 Tage über 30 Grad. In den letzten 30 Jahren gab es nicht 108 Tage, sondern 264, mehr als eine Verdoppelung. Und in den jetzt laufenden 30 Jahren, 2021 bis 2050, rechnen wir mit 430.

Es gibt eine interessante Studie des Alfred-Wegener-Instituts und des Deutschen Klimarechenzentrums. Die haben einen Tag herausgesucht, den es wirklich gab und der sehr heiß war, und haben untersucht, wie sich dieser Tag im Klimasystem in der vorindustriellen Zeit verhalten hätte. Sie nahmen den 25. Juli 2019. In Münster herrschten an diesem Tag 40 Grad. Vorausgesetzt, man hätte weniger CO_2 und noch mehr Eisflächen gehabt – wie warm wäre es denn eigentlich dann an einem 25. Juli im Jahre 1890 gewesen? Und wir stellen fest, der Tag wäre auch heiß gewesen, er hätte in Münster ungefähr 37 Grad erreicht.

Mit der gleichen Physik lässt sich fragen: Was würde passieren bei globaler Erwärmung von 4 Grad? Das Ergebnis: Die Tagestemperatur am gleichen Tag, gleiche Wetterlage, hätte in Münster bei 47 Grad gelegen. Das ist das, was auf uns zukommt. Globale Erwärmung um 4 Grad heißt nun nicht, dass die Tage im Mittel um vier Grad wärmer werden, sondern die extrem heißen Tage werden um zehn Grad wärmer. Und das ist vielen von uns manchmal gar nicht so klar. Das bedeutet, Münster wird sich klimatologisch verändern. Münster wandert in eine Klimaregion, in der heute schon große Städte wie Mailand oder Madrid sind. Unser Freizeitverhalten, unser Reiseverhalten wird sich entsprechend ändern.

An Luft ertrinken

Wenn die Temperaturen aber so stark ansteigen, was bedeutet das dann für Indien, für Italien, für Indonesien, für Gebiete in Brasilien im tropischen Regenwald? Das bedeutet, dass wir dort Regionen bekommen, in denen Todeszonen entstehen, in denen man in der Luft, wenn man sie einatmet, ertrinken kann. Das funktioniert wie folgt: Es gibt einen wichtigen Wert beim Wetter, das ist der sogenannte Taupunkt. Das ist die Temperatur, bei der die in einer Luftmenge enthaltene Feuchtigkeit kondensiert, wenn sich die Luftmenge abkühlt oder sich ihr Druck erhöht. Einige Wassermoleküle des gasförmigen Wasserdampfs kondensieren dann zu Nebel oder scheiden sich aus der Luft ab und schlagen sich auf Oberflächen als Tau nieder. Am Taupunkt beträgt die relative Luftfeuchtigkeit 100 Prozent, und die Luft ist mit Wasserdampf (gerade) gesättigt.

Nehmen wir Indien: Bei einer Temperatur von 50 Grad und extrem hoher Luftfeuchtigkeit von 80 Prozent liegt der Taupunkt weit oberhalb von 37 Grad. Wenn man die Luft auf diese Temperatur abkühlt, dann hat man keinen Nebel bzw. Wasserdampf mehr, sondern Wasser. Wenn man diese Luft einatmet, dann kondensiert das Wasser auf der nächstmöglichen kühlen Fläche. Das wären dann die Lungenbläschen. Und plötzlich bildet sich Wasser in der Lunge. Man ertrinkt beim Einatmen der Luft.

Das sind Atmosphären, die in Zukunft erst für sehr kurze Zeiträume eintreten werden, mal für eine Stunde in kleinen Gebieten, dann plötzlich für drei Stunden in einem großen Gebiet einer Stadtfläche und dann irgendwann in Gebieten, die so groß sind wie halbe Staaten, betroffen vor allen Dingen der Norden Brasiliens, Gebiete in Zentralafrika, Gebiete in Indien und in Teilen Indonesiens und im Norden Australiens. Sie können tatsächlich zu »Todeszonen« werden. Und das ist deshalb schwierig, weil wir hier in unseren Breiten dann in Einkaufszentren gehen oder Klimaanlagen anschalten können. Aber Millionen von Menschen, die auf dem Land leben, werden sich diesen extremen Wetterbedingungen nicht entziehen können oder werden sich auf den Weg machen aus diesen Gebieten heraus, weil sie sagen, hier kann ich nicht mehr leben, hier möchte ich meine Kinder nicht mehr großziehen, ich ziehe woanders hin. Das heißt, der Klimawandel bringt auch Migrationsströme mit sich. Die werden für uns noch eine ganz harte Prüfung unseres Werteverständnisses werden, wenn die Frage aufkommt, wie viele Menschen wir aufnehmen können, um unserem Grundgesetz, um unserer intrinsischen Motivation, Menschen zu helfen, gerecht werden zu können, ohne dass das System kollabiert und wir keine Möglichkeit mehr haben, überhaupt jemandem zu helfen.

Dazwischen sind wir in einer echten Dilemmaphase, in die wir hineinkommen, denn diese Diskussion müssen wir führen. Wir dürfen sie nicht totalitären, undemokratischen Akteuren überlassen, sondern gemeinsam mit anderen auf einem breiten Werteverständnis überlegen, wie wir mit diesen Fragen ehrlich umgehen, denn sie kommen auf uns zu.

Wichtig: Anpassungsstrategien!

Fragen kommen auch auf uns zu, wenn wir künftig Häuser oder Städte bauen und unser Leben organisieren. Anpassung ist eine der wichtigsten Aufgaben für unsere Zukunft. Ein Teil des Klimawandels, da müssen wir uns ehrlich machen, wird ungebremst über uns hinwegrollen. Das werden wir nicht mehr einfangen können. Anpassungsstrategie heißt aber nicht, dass man nur guckt, was man denn macht in Regionen, in denen es wärmer ist als hier. Anpassung bedeutet eben, dass man alle Aspekte heranzieht und schaut, wie man mit den Themen umgeht – so ergibt es beispielsweise wenig Sinn, der heißeren Tage wegen Palmen zu pflanzen, da sie nicht frostresistent sind, wir aber nach wie vor Frosttage haben werden. Hitzeresilientere Pflanzen aber brauchen wir auch für den Garten. Wir brauchen zudem sehr viel mehr Stadtgrün.

Auch beim Niederschlag ändert sich einiges. Wir werden erleben, dass die Starkregenereignisse zunehmen, aber auch die Phasen der Trockenheit. Beides sind zwei Seiten derselben Medaille. Und auch da gilt, dass wir anpassungsfähig sein müssen. Wir müssen uns neue Systeme überlegen für Fallrohre an Gebäuden – sie müssen großvolumiger sein als jene, die wir jetzt häufig noch verbauen. Aber wir sind ein Land der Ideen. Wir haben die kreativen Kräfte. Wir haben die Innovation. Und heute gilt es viel mehr als früher, dass, wenn ein Auszubildender zu seinem Chef oder seiner Chefin kommt und sagt: »Ich habe hier mal eine tolle Idee«, die Antwort nicht lautet: »Das haben wir immer so gemacht, das machen wir auch weiterhin so«, sondern jetzt gilt es, dass die Unternehmerinnen und Unternehmer sagen, ja das prüfen wir jetzt mal, vielleicht ist das doch eine gute Idee. Die Glühbirne wurde nicht durch die kontinuierliche Weiterentwicklung einer Kerze erfunden, sondern weil wir einfach mal anders gedacht haben, völlig neue Ansätze zugelassen haben.

Wo die Niederschläge seltener werden, weil es längere Trockenzeiten gibt, gibt es häufig auch mehr Sonnenschein. Das beobachten wir in Deutschland und überall in Europa: eine Zunahme von 200 Stunden Sonne im Mittel in den letzten 40 Jahren. Das ist für Solaranlagenbetreiber eine gute Nachricht. Wenn sie eine Solaranlage haben, werden sie in Zukunft noch mehr Erträge bekommen durch ihre Solaranlage. Aber es kommen eben auch Dinge zu uns, die wir vielleicht gar nicht so gerne haben wollen: Krankheitserreger beispielsweise oder einen Überträger wie die Tigermücke.

2019 wurde berichtet, dass in Basel die Tigermücke heimisch geworden ist. In Baden-Württemberg gab es schon zuvor einzelne Regionen, wo man immer schon einmal Tigermücken beobachtet hatte. Jetzt, durch die Erwärmung und die Feuchtigkeit, die damit häufig einhergeht, ist die Tigermücke in weiten Teilen Deutschlands heimisch geworden, damit haben wir auch einen Krankheitsüberträger mehr. Das heißt also, Migration findet nicht nur bei Menschen statt, sondern vor allen Dingen auch in Flora und Fauna. Es kommen neue Pflanzen zu uns, mit denen wir leben müssen. Die Habitate werden sich völlig neu zusammensetzen, auch im Baumbestand, da es beispielsweise Fichten viel zu warm geworden ist in Mitteleuropa. Schon gibt es – etwa im Harz – große Gebiete mit abgestorbenen Bäumen, riesige Areale mit blattlosen trockenen Baumstämmen.

Ein anderes Feld der Anpassung ist der häufigere Starkregen, zugleich die Zunahme von Dürrezeiten. Damit stellt sich die Frage: Wie speichere ich das Wasser? Wenn es starken Regen gibt, dann müssen wir das als Geschenk des Himmels verstehen und ihn auffangen in Zisternen, in Speichern, um die landwirtschaftlichen Flächen auch in längeren Trockenphasen zu wässern. Anpassung ist hier dringend notwendig. Wenn man Wasser gespeichert hat, muss man sich auch über die Priorisierung klar werden: Wer kommt zuerst in der Wassernutzung? Erst die Landwirtschaft, erst die Industrie, erst die Bevölkerung? In welcher Reihenfolge in welchen Gebieten? Auch diese Frage werden wir uns stellen. Eine Anpassung der Normen ist dringend notwendig.

Zuversicht und die neue Weltordnung

Was bedeutet das jetzt eigentlich alles für uns? Nun, es bedeutet, dass es Kipppunkte im Klimasystem gibt. Wenn Grönland abschmilzt, dann wird das Eis nicht sofort wieder nachwachsen, wenn es kälter wird. Aber es gibt Kipppunkte im Klimasystem auch auf politischer Ebene. Als vor 30 Jahren die großen Klimakonferenzen begonnen haben, dachten die meisten Staaten, man müsse bei gemeinsamem Handeln nur sehr wenig tun und wenig Geld aufwenden, um das Klimasystem zu stabilisieren und auch die Veränderungen gut zu vertragen. Über dieser Einstellung erlahmten die Bemühungen. Nun müssen einige besonders betroffene Staaten noch mehr Geld ausgeben, um aufholen zu können, was versäumt worden ist. Also wird noch mehr Geld investiert für den Klimaschutz. Aber gerade diese Staaten müssen auch schon Geld für die Anpassung ausgeben, denn ein Teil des Klimawandels erfordert bereits jetzt hohe Anpassungsinvestitionen. Man muss Regenrückhaltebecken bauen, weil mehr Niederschlag kommt. Man muss Wasserspeicher bauen, weil es längere Trockenphasen gibt, in Spanien beispielsweise. Es braucht neue Deiche.

Nun setzt sich die Klimaerwärmung fort. Wir haben einen klimapolitischen Tipping Point erreicht. Wir haben nicht mehr genügend Länder auf diesem Planeten, die daran glauben, dass durch das gemeinsame Handeln das Klimasystem noch stabilisiert werden kann. Deshalb beginnen immer mehr Länder, das Geld nicht mehr in den Klimaschutz zu stecken, sondern in die Anpassung. Die Kosten für die Anpassung überschreiten jene für den Klimaschutz aber um das Zwölffache, gigantische Ausgaben.

Das ist eine sich selbst erfüllende Prophezeiung. Wenn am Ende keiner mehr daran glaubt, dass Klimaschutz funktioniert, weil bereits die dringende Notwendigkeit besteht, Anpassung zu betreiben, dann wird es immer weniger Geld für den Klimaschutz geben. Stellen Sie sich ganz konkret die Situation der politischen Entscheider in den Niederlanden vor. Die niederländische Regierung weiß, dass der Meeresspiegel um 20 Meter steigen wird und dann – wenn man nichts unternimmt – 70 Prozent des Landes unter Wasser stehen. Also müssen sie Anpassung betreiben, denn sie wissen ja: Von jedem Euro, den die Niederlande für den Klimaschutz ausgeben, kommen nur drei Cent in der Wirkung unmittelbar zurück. 97 Cent kommen nur dann zurück, wenn alle anderen Staaten auf der Welt sich gleichermaßen am Klimaschutz beteiligen. Das tun diese aber nicht. Also ist es eine Wette, die die niederländische Regierung eingeht. Sie kann sich gar nicht mehr leisten, einen Euro für den Klimaschutz auszugeben, weil sie statt dieses einen Euros schon jetzt ein Vielfaches braucht für die Klimaanpassung, mit einem steil ansteigenden Multiplikator.

Deshalb sind wir in einer großen Dilemmaphase. Wir haben Gründe für die Annahme, dass der Klimaschutz es durch keine Maßnahme mehr schaffen wird, das Klimasystem noch hinreichend zu stabilisieren. Die Chance, mit relativ wenig Geld das Klimasystem zu stabilisieren, haben wir ehrlicherweise verpasst. Dieses Zeitfenster ist zu. Das bedeutet, wir müssen nun Maßnahmen ergreifen für die Zukunft, die Klimaschutz und Klimaanpassung idealerweise miteinander verbinden. Bei der Begrünung von Gebäuden haben wir sowohl einen Klimaschutzeffekt als auch einen Anpassungseffekt. Welche Maßnahmen können da gemeinsam funktionieren? Solaranlagen auf Dächern bieten zugleich einen zusätzlichen Wärmeschutz, die erzeugte Energie lässt sich auch zum Kühlen verwenden. Wir werden uns beispielsweise überlegen, wie man künftig mit Kirchengebäuden umgeht. Das sind riesige Flächen für Solaranlagen. Der Denkmalschutz sagt natürlich, auf diese wunderschöne Kirche kommt keine Solaranlage. Dann ist die Frage: Können wir uns das noch leisten? Müssten wir nicht statt Verboten nach Produkten Ausschau halten, die beides miteinander verbinden – Klimanutzen und Denkmalschutztauglichkeit?

Klima und Geopolitik

Gleichzeitig ist die internationale politische Lage nicht einfacher geworden. Sie wird nicht nur geprägt durch die lokalen Konflikte, sondern auch dadurch, dass der Klimawandel die Ressourcenlage unseres Planeten massiv verändern wird. Wenn sich die Erde bis 2050 um drei Grad erwärmt: In welchen Gebieten auf dieser Welt wird man auch bei steigendem Meeresspiegel noch Reis oder Getreide anbauen können, Kaffee, Kakao? Welche Rohstoffe für das Leben einer Bevölkerung werden wo auf diesem Planeten noch generiert und bringen Erträge? Und wie sichere ich diese Transportwege? Und wenn man das vor Augen hat, dann versteht man, dass möglicherweise Entwicklungen, die wir da draußen gerade politisch erleben, auch getriggert sind von den Zukunftsfragen der Entwicklung der Staaten auf diesem Planeten.

Wenn Sie sich China vor Augen führen, dann sehen wir, dass China mit großem Engagement in vielen Teilen Afrikas versucht, an Rohstoffe zu kommen, Infrastruktur aufzubauen, um sowohl Rohstoffe als auch landwirtschaftliche Güter ins eigene Land zu bekommen. Wenn man sich anschaut, wie Russland bisher seine Rohstoffe bezogen hat, nämlich sehr häufig über den Schiffsweg über Sankt Petersburg, dann wird es Russland jetzt nach dem NATO-Beitritt der meisten Ostseestaaten für ein Risiko halten, die gesamten Wirtschaftswaren aus südlicheren Regionen dieses Planeten durch das Nadelöhr Ostsee in Richtung Russland zu transportieren. Der viel bessere Weg wäre aus russischer Sicht, politischen Einfluss in Afrika zu gewinnen, und in vielen Ländern Nordafrikas hat Russland deshalb längst die Oberhand.

Viele Demokratien, in Niger beispielsweise, sind gestürzt worden durch Russland, und dort sind die Minen übernommen worden. Man will diese Rohstoffe ausbeuten. Die Wege führen dann entsprechend über Ägypten, über Syrien, über die Türkei in Richtung Russland. Und da liegt eben auch die Ukraine im Weg. Und deshalb ist dieser Konflikt auch zu betrachten unter der Fragestellung, wie künftig die Ressourcenverteilung stattfindet und welche Zugänge es gibt. Russland strebt an, dass dieser Weg nach Süden hin möglichst direkt frei wird.

Wir müssen auch die wirtschaftliche Entwicklung auf unserem Planeten in den letzten 20 Jahren betrachten. Noch im Jahre 2000 war für die meisten Länder der Welt die USA der größte Handelspartner. Nur für 15 Länder war es nicht so – deren größter Handelspartner war schon damals China. 2020 ist es genau umgekehrt. Da sind es gerade noch mal 15 Länder, deren größter Handelspartner die USA sind. In allen anderen Ländern der Welt ist China der größte Handelspartner. Auch hier findet eine Neugewichtung der Kräfte auf diesem Planeten statt. Sie stiftet auch Konflikte, die neue Landordnungen hervorrufen im Bestreben um sichere und freie Zugänge zu den Rohstoffquellen.

Das generiert Interessenkonflikte, beispielsweise im Südchinesischen Meer. Wenn man sich die Landkarten der Einflusszone anschaut, die China im Südchinesischen Meer zieht, um freie Handelswege in Richtung Süden zu haben, um sich nicht einschränken zu lassen von den USA, dann sind das Gebiete, die sich direkt überschneiden mit den Interessen von Vietnam, Brunei, den Philippinen und Malaysia. Alles Gebiete, die eigentlich international seit vielen Jahrzehnten anderen Ländern als China gehören, auf die China nun aber Anspruch erhebt.

Dystopien, Utopien – und ehrliche Preise

Die verlässlichste und schönste Utopie ist der Sonnenaufgang. Seit fünf Milliarden Jahren können wir uns darauf verlassen. Die schlimmsten und dystopischsten Szenarien von Weltuntergängen, die vorausgesagt wurden, hat Maarten Keulemans in seinem Buch *Exit Mundi* versammelt. Alle diese Weltuntergänge fanden aber nie statt. So wird es auch diesmal sein. Und so glaube ich, dass erfolgreicher Klimaschutz eine echte Utopie ist. Wir könnten das mit aller Kraft erreichen, aber es ist aus meiner Sicht nicht mehr sehr realistisch, dass wir es tatsächlich schaffen, das System hinreichend zu stabilisieren. Bei der Anpassung sehe ich viel größere Chancen. Wir haben den halben Planeten besiedelt. Wir wohnen in Gebieten in der Arktis oder der Antarktis, wo man eigentlich nicht hinkommt. Wir haben eine unfassbare Innovationskraft.

Wir haben ein Lieblingswetter, 22 Grad, kein Regen, kein Wind und ein bisschen Sonnenschein. Es ist kein Zufall, dass wir unsere Kinderzimmer, unsere Wohnzimmer, unsere Büros, unsere Klassenräume immer nach diesem Kriterium ausrichten. Wenn Sie sich im Winter bei minus zehn Grad ins Auto setzen, drehen Sie die Heizung auf, damit es ein bisschen wärmer wird im kalten Auto. Wir haben es geschafft, dieses Wetter auf dem ganzen Planeten mit uns zu tragen. Wenn wir in Dubai sind, herrschen draußen möglicherweise Temperaturen von 50 Grad, aber wir schaffen drinnen unsere Lieblingsatmosphäre: 22 Grad.

Technik kann uns helfen. Wird Technik auch künftig alle Probleme lösen? Vielleicht. Wird Technik neue Probleme verursachen? Wahrscheinlich. Wird es dafür Lösungen geben? Möglich. 1,5 Grad globale Erwärmung ist ja schon unrealistisch – die werden wir auf jeden Fall überschreiten. Zwei Grad auch. Die größte Wahrscheinlichkeit ist, dass wir am Ende des Jahrhunderts irgendwo bei vier Grad landen werden. Ich hoffe, dass wir den Planeten nicht noch weiter erwärmen.

Was also hilft dem Klima, was schadet dem Klima, was ist besonders wirksam, und was ist besonders unwirksam bei all diesen Dingen? Wenn Sie einen persönlichen Fußabdruck zu Hause berechnen, mag es sein, dass sich Ihr Verhalten danach ändert. Bedeutsamer wäre die Abschaltung von Kohlekraftwerken (England hat kürzlich das letzte geschlossen). Wichtiger wäre es auch, viele neue Bäume zu pflanzen. Aber was dem Klima am meisten helfen würde, wären ehrliche Preise. Wir benutzen unsere Atmosphäre als Müllhalde und zahlen dafür eigentlich relativ wenig Geld. Wir erwärmen damit den ganzen Planeten und schaden allen Menschen auf diesem Planeten, indem wir immer mehr CO_2 in die Atmosphäre hineintransportieren. Wir bräuchten ehrliche Preise. Im Supermarkt finden wir Regale mit Hafer, veganen Produkten, Bio und Fairtrade. Aber wo ist das Regal mit CO_2-neutralen Produkten? Die gibt es nicht 2024, weil es nicht wettbewerbsfähig ist. Alles, was den Planeten kaputt macht, sollte teurer sein als das, was den Planeten schützt. Da müssen wir hinkommen. Da sind wir leider noch nicht.

Riesige neue Märkte entstehen

Wenn nun also Hitze und Niederschlag Anpassung an das System erfordern, dann werden durch diese neuen Bedarfe riesige

Märkte entstehen. Man braucht andere Fenster, andere Scheiben, andere Klimaanlagen, man muss sich vor den Veränderungen des Klimas schützen und wird dafür Geld ausgeben. Kreislaufwirtschaft wird eine Zukunft haben. Erneuerbare Energien werden sehr schnell wachsen, nicht allein der Umwelt wegen, sondern auch, um energetische Unabhängigkeit zu haben in einer komplizierter und unsicherer werdenden Welt. CO_2-neutrale Produkte werden immer wettbewerbsfähiger, auch das ist eine gute Nachricht. Internationale Zusammenarbeit müssen wir stärken. Wir kriegen diese Lösungen nur gemeinschaftlich mit der Staatengemeinschaft hin.

Was wir auf jeden Fall tun sollten, ist, Fake News entgegenzuwirken. Auf welcher Basis wollen wir denn eine verlässliche Zukunft für uns, für unsere Kinder und Enkel gestalten, wenn nicht auf Basis gesicherter, evidenzbasierter Fakten der Wissenschaft? Fake News zerlegen nicht nur Demokratien, sondern auch die Zukunft unserer Kinder und Enkel. Weniger Angst, mehr Zuversicht. Ganz wichtig ist es, aktiv mit dem Thema der Klimaanpassung umzugehen. Wir haben so viele Krisen durchgestanden. Wir werden es auch in 30 Jahren noch lieben, schöne Sonnenuntergänge anzuschauen und uns mit Freunden zu großartigen Partys zu treffen. Weil wir es wollen, und deshalb werden wir Wege finden, dass das auch funktioniert.

Und der letzte Punkt: Zögern verbessert nicht die Lage. Wenn wir die Erkenntnis haben, dass sich etwas verändert, dann müssen wir damit umgehen. Wir haben eine unglaubliche Fähigkeit darin, an den Dingen erst einmal festzuhalten, obwohl wir eigentlich schon spüren, da ist doch Veränderung im Raum. Und wenn wir das spüren, sollten wir handeln. Also jetzt.

Die Autoren

Aleida Assmann, geboren 1947 in Bethel, ist Professorin em. für englische Literatur und Allgemeine Literaturwissenschaft an der Universität Konstanz. Sie studierte 1966 bis 1972 Anglistik und Ägyptologie an den Universitäten Heidelberg und Tübingen. 1977 wurde sie im Fach Anglistik in Heidelberg promoviert. Die Nebenfachprüfung in Ägyptologie legte sie in Tübingen ab. 1992 habilitierte sie sich an der Neuphilologischen Fakultät der Universität Heidelberg, 1993 folgte sie einem Ruf auf den Lehrstuhl für Anglistik und Allgemeine Literaturwissenschaft an der Universität Konstanz. 2001 nahm sie eine Max-Kade-Gastprofessur an der Princeton University in New Jersey wahr. Weitere Gastprofessuren führten sie an die Rice University in Houston (2000), die Yale University in New Haven (2002, 2003, 2005) und die Universität Chicago (2007). Im Sommersemester 2005 hatte sie die »Peter-Ustinov-Gastprofessur« an der Universität Wien inne. Seit den 1990er-Jahren ist ihr Forschungsschwerpunkt die Kulturanthropologie, insbesondere die Themen kulturelles Gedächtnis, Erinnerung und Vergessen. Frau Assmann ist Mitglied der Steuerungsgruppe der im März 2021 veröffentlichten Jerusalemer Erklärung zum Antisemitismus.

Frank Böttcher, geboren 1968 in Hamburg, ist Veranstalter des ExtremWetterKongresses, der Deutschen KlimaManagement-Tagung und der METKOM, des Jahrestreffens der Wettermoderatoren. Er ist führender Experte im Themenfeld »Extremwetter im Klimawandel«, Buchautor, Speaker, Podcaster und Wettermoderator sowie Mitglied im Netzwerk Recherche, Vorsitzender der Deutschen Meteorologischen Gesellschaft und in zahlreichen Ehrenämtern tätig.

Joe Chialo, geboren 1970 in Bonn, ist Senator für Kultur und gesellschaftlichen Zusammenhalt In Berlin (CDU). Sein Abitur legte Chialo, der Sohn einer tansanischen Diplomatenfamilie ist, im Ordensinternat der Salesianer Don Boscos bei Köln ab. Nach einer Ausbildung zum CNC-Fräser studierte er an der Friedrich-Alexander-Universität in Erlangen Geschichte, Politik und Staatswissenschaften, verließ die Universität aber dann, um sich der Musik zuzuwenden. 1991 stieg Chialo bei der Nürnberger Band *Blue Manner Haze* als Sänger ein. 2009 gründete Chialo das Label Airforce1 Records sowie 2018 das Label Afroforce1 als Abteilung von Universal Music mit dem Ziel, Musik aus dem afrikanischen Raum zu fördern. Beim Eurovision Song Contest 2019 gehörte Chialo der deutschen Jury an. Seine 2022 erschienene Autobiografie *Der Kampf geht weiter* ist nach den letzten Worten benannt, die Chialos Vater ihm am Telefon vor seinem Tod mit auf den Weg gab (»A luta continua«). Chialo ist verheiratet und hat eine Tochter. Er ist römisch-katholisch.

Gabriel Felbermayr, geboren 1976 in Steyr, ist seit 1. Oktober 2021 Direktor des Österreichischen Instituts für Wirtschaftsforschung (WIFO) in Wien und Universitätsprofessor an der Wirtschaftsuniversität Wien (WU). Nach Studien der Volkswirtschaftslehre und der Handelswissenschaften an der Johannes-Kepler-Universität Linz ging er an das Europäische Hochschulinstitut in Florenz, wo er promoviert wurde. Von 2004 bis 2005 war er Associate Consultant bei McKinsey & Co. in Wien. Von 2005 bis 2008 war er Akademischer Rat an der Universität Tübingen, wo er sich im

Fach Volkswirtschaftslehre habilitierte. Von 2009 bis 2010 hatte er einen Lehrstuhl für Internationale Wirtschaft an der Universität Hohenheim (Stuttgart) inne. Von 2010 bis 2019 leitete er das ifo Zentrum für internationale Wirtschaft an der Universität München, wo er auch als ordentlicher Professor für Internationale Wirtschaft tätig war. Von 2019 bis September 2021 führte er das Kiel Institut für Weltwirtschaft als Präsident. Gleichzeitig hatte er einen Lehrstuhl für Volkswirtschaftslehre insbesondere Wirtschaftspolitik an der Christian-Albrechts-Universität zu Kiel inne.

Peter Michael Huber, geboren 1959 in München, ist Professor für Öffentliches Recht und Staatsphilosophie an der Ludwig-Maximilians-Universität München. Von 2010 bis 2023 war er Richter des Bundesverfassungsgerichts. Zuvor war er ab November 2009 Innenminister des Freistaates Thüringen. Seit 2002 ist er ordentlicher Professor an der Universität München. Nach dem Abitur studierte er als Stipendiat der Stiftung Maximilianeum Rechtswissenschaften an den Universitäten München und Genf. Im Dezember 1987 legte er in München sein zweites Staatsexamen ab und wurde dort 1987 zum Dr. jur. promoviert. Im Februar 1991 habilitierte er sich mit einer Schrift über »Konkurrenzschutz im Verwaltungsrecht«; Huber ist Mitherausgeber der Fachzeitschrift *Archiv des öffentlichen Rechts*. 2020 wurde Huber in die Academia Europaea gewählt. Huber ist seit 2023 Kuratoriumsmitglied der Fazit-Stiftung, die als Mehrheitseigentümerin die *Frankfurter Allgemeine Zeitung* kontrolliert.

Michael Rutz, geboren 1951 in Coburg, ist Publizist. Nach dem Studium der Rechts- und Wirtschaftswissenschaften an der Julius-Maximilians-Universität Würzburg trat er 1976 in die Wirtschaftsredaktion des *Bayerischen Rundfunks* ein. Nach Stationen als Auslandskorrespondent in Washington und London war er von 1985 bis 1987 Abteilungsleiter Wirtschaft im Hörfunk, dann stellvertretender Chefredakteur des Bayerischen Fernsehens. Von 1989 bis 1994 war er Chefredakteur des Privatsenders *SAT 1*. 1994 übernahm er die Wochenzeitung *Rheinischer Merkur* als Chefredakteur, die er bis zu deren Verkauf 2010 leitete. Rutz ist Honorarprofessor an der Hochschule Mittweida und Geschäftsführender Gesellschafter der Prof. Rutz Communications GmbH. Er ist Autor zahlreicher Bücher und Fernsehfilme.

Claudia Weber, geboren 1969 in Guben, ist eine deutsche Historikerin. Seit 2014 lehrt sie als Professorin für Europäische Zeitgeschichte an der Europa-Universität Viadrina. Nach einem Lehramtsstudium an der Pädagogischen Hochschule Leipzig von 1987 bis 1991 studierte Weber bis 1996 Südslawistik, Politikwissenschaften und Osteuropawissenschaften an der Universität Leipzig mit dem Abschluss eines Magister Artium. Am Contemporary History Institute der Ohio University in Athens erwarb sie 1998 den Master of Arts. Nach Forschungsaufenthalten in Bulgarien wurde Weber 2003 an der Universität Leipzig promoviert und war dort bis 2007 wissenschaftliche Assistentin am Historischen Seminar. Anschließend arbeitete sie bis 2014 als wissenschaftliche Mitarbeiterin am Hamburger Institut für Sozialforschung. Seit Dezember 2014 ist Weber Professorin für Europäische Zeitgeschichte an der Europa-Universität Viadrina. Momentan arbeitet sie an einer europäischen Diplomatiegeschichte zum Kriegsausbruch im September 1939 und der Frage, wie Kriege beginnen.

Die Welt zwischen Krieg und Frieden

128 Seiten | Broschur
ISBN 978-3-451-39946-6

Im Oktober 1648 beendete der Westfälische Frieden eine der größten Katastrophen der europäischen Geschichte – den Dreißigjährigen Krieg. Vor dem Hintergrund dieser einschneidenden Zäsur und mit Blick auf den Krieg, der heute in Europa tobt, stellt sich die Frage, unter welchen Bedingungen die großen historischen Friedensschlüsse möglich wurden, wie man Frieden herbeiführt und welche Rolle internationale Institutionen noch spielen können.

In jeder Buchhandlung!

HERDER

www.herder.de

Wem gehört die Welt?

144 Seiten | Broschur
ISBN 978-3-451-39665-6

Es war lange undenkbar, dass eine europäische Macht einen Angriffskrieg vom Zaun brechen würde. Der Überfall Russlands auf die Ukraine ist aber viel mehr als ein Grenzkonflikt. Wir stehen vor tiefgreifenden Fragen: Gilt, wenn das Völkerrecht missachtet wird, nur noch das Recht des (militärisch) Stärkeren? Welche Pläne verfolgen Russland und China? Welche Zukunft hat das liberaldemokratische, freiheitliche Gesellschaftsmodell?

In jeder Buchhandlung!

HERDER

www.herder.de

Ein Schlagabtausch der Extraklasse

288 Seiten | Gebunden mit Schutzumschlag
ISBN 978-3-451-39795-0

Gregor Gysi und KT Guttenberg debattieren über Themen, die bewegen: Klimapolitik, Ukrainekrieg, AfD und Ost-West-Gegensätze, aber auch Krisen und Krankheit, Niederlagen und Neuanfänge, Vorbilder und Feindbilder. Ein unterhaltsamer, wertschätzender und ehrlicher Dialog auf höchstem Niveau, der nicht nur zum Denken herausfordert, sondern auch dazu anregt, sich mit seinem Gegenüber auseinanderzusetzen – selbst wenn man unterschiedlicher Meinung ist.

In jeder Buchhandlung!

HERDER www.herder.de

Wir müssen endlich aufhören, nichts zu tun!

240 Seiten | Klappenbroschur
ISBN 978-3-451-39585-7

Seit über einem halben Jahrhundert wissen wir um die erschreckenden Auswirkungen von Umweltzerstörung und Klimawandel. Doch warum handeln wir nicht konsequent gegen die verheerenden Bedrohungen? Mojib Latif enthüllt in seinem Buch das Versagen der Politik und die Interessen mächtiger Konzerne. Doch es gibt Hoffnung! Wenn wir global zusammenarbeiten und Wohlstand mit Nachhaltigkeit vereinen, können wir die Zukunft retten. Eine klare, dringliche Botschaft, die zum Handeln aufruft.

In jeder Buchhandlung!

HERDER

www.herder.de